우정이
맘대로
되나요
？

우정이 맘대로 되나요?

초판 1쇄 발행 2016년 7월 18일
초판 10쇄 발행 2024년 4월 25일

지은이 문지현·박현경 **펴낸이** 김종길
펴낸 곳 글담출판사 **브랜드** 글담출판

기획편집 이경숙·김보라 **영업** 성홍진
디자인 손소정 **마케팅** 김지수 **관리** 이현정

출판등록 1998년 12월 30일 제2013-000314호
주소 (04029) 서울시 마포구 월드컵로8길 41 (서교동 483-9)
전화 (02) 998-7030 **팩스** (02) 998-7924
블로그 blog.naver.com/geuldam4u **이메일** geuldam4u@geuldam.com

ISBN 979-11-86650-19-6 (43180)

글담출판에서는 참신한 발상, 따뜻한 시선을 가진 원고를 기다리고 있습니다.
원고는 글담출판 블로그와 이메일을 이용해 보내주세요. 여러분의 소중한 경험과 지식을 나누세요.
블로그 http://blog.naver.com/geuldam4u 이메일 to_geuldam@geuldam.com

우정이 맘대로 되나요?

문지현·박현경 지음

글담출판

삶의 여정을 지나며 마음을 나눌 진정한 친구를 만나는 것처럼 커다란 행복도 별로 없을 것이다. 더구나 부모로부터 정신적 독립을 추구하며 진로도 준비해야 하는 사춘기에 어려운 마음을 나누며 서로에게 힘이 되는 친구를 만나는 것은 큰 복이다. 그러나 청소년기에는 자아정체성 확립에 어려움을 겪거나 주변과의 갈등으로 인해 유난히 힘든 시간을 보내게 되는 이들도 있고, 진로를 잘 결정하지 못하거나 꿈을 잃고 방황하면서 공부에 집중하기 어려워하는 이들도 있다. 이런 고민과 갈등의 시기에 친구는 버팀목이 될 수도 있지만 때로는 더 큰 고민과 갈등을 유발하는 요인이 되기도 한다.

『우정이 맘대로 되나요?』는 인생의 고민 1순위를 친구 관계로 꼽는 청소년, 특히 여학생들에게 꼭 추천하고 싶은 책이다. 이

책은 6명의 등장 인물을 중심으로 청소년들의 일상생활 공간이라 할 수 있는 학교나 학원, 독서실과 집 근처에서 벌어지는 여러 사건들을 다루고 있다. 다양한 관계와 상황에서 질투, 애착, 외로움, 경쟁심 등 부정적인 감정을 느끼는 일도 잦지만, 공감과 위로를 받는 보석 같은 순간들도 있다. 이들의 상황을 보면서 타인의 마음을 이해하고 내 생각을 돌아볼 수 있는 기회를 갖길 바란다.

비슷한 상황에 처한 청소년들은 정신건강의학과 전문의의 편지를 읽으며 문제의 해법을 찾는 데 도움을 받을 수 있을 것이다. 사춘기 자녀를 대하는 부모님은 본문에 실린 〈부모님께 부탁드려요〉를 통해 지침을 얻게 될 것이다. 고민하며 어렵게 사춘기를 겪어 나가는 청소년들이나 이들로 인해 힘겨워하는 부모님 모두에게 이 책은 큰 위로와 힘을 줄 것으로 기대된다.

『우정이 맘대로 되나요?』를 통해 많은 청소년들이 친구 고민을 극복할 뿐 아니라 진정한 친구를 갖고 또 자신이 누군가의 진정한 친구가 되는 큰 기쁨을 누리게 되기를 소망한다.

오정화
미국 코넬대학 영문학 박사
이화여자대학교 영어영문학 교수 및 인문과학대학장

요즘 청소년들은 친구들과 함께 시간을 보내기가 힘듭니다. 그나마 친구들을 만나기 위해 학원에 가지만, 학교에서도 학원에서도 숙제를 하느라 바쁘기 때문인 것 같습니다. 집단 따돌림만 문제가 되는 것이 아니라 스스로가 벽을 쌓고 고립되는 경우도 자주 봅니다. 그만큼 청소년들의 외로움이 깊다는 생각이 듭니다.

과연 친구란 필요한 것일까요? 성공하고 돈 벌어 가족과 오순도순 살면 되지, 굳이 친구까지 사귀어야 할까요? 인사하며 알고 지내는 그냥 친구 말고 마음을 나누고 고통을 함께할 진정한 친구라는 게 반드시 있어야 할까요?

결론부터 말하면 "그렇다."입니다. 친구처럼 나를 자극하고 격려하는 존재는 드물기 때문입니다. 부모님과 형제도 소중하지만 가족의 울타리를 떠나 학교와 사회에서 살아갈 때 나를 이해하고 지탱할 사람은 대부분 친구입니다.

그들의 도움이 얼마나 큰 힘이 되는지 겪어보지 않고는 알 수가 없습니다. 진료실에서 만나는 청소년 친구들 중에도 더 힘들어 할 수도 있는 상황에서 친구의 따뜻한 손을 잡고 일어나는 경우를 많이 보았습니다.

이 책 『우정이 맘대로 되나요?』가 친구 문제로 고민하며 어찌할 바를 몰라 방황하는 수많은 사춘기 여학생들과 그들의 부모님에게 가장 실제적이고 확실한 솔루션을 제시해줄 것이라 확신합니다.

김의정
이대목동병원 소아청소년 정신건강의학과 교수
정신건강의학과 과장

이 책은 사춘기 여학생들이 겪는 친구 관계에서의 갈등을 해결하는 데 도움을 주기 위해 기획되었어요. 왜 여학생이냐고요? 남학생은 어떻게 하느냐고요? 대인 관계로 인한 문제는 여학생뿐만이 아니라 남학생의 문제이기도 하고, 어른의 문제이기도 합니다. 하지만 이 책에서 '사춘기 여학생'을 주요 대상으로 삼은 데에는 몇 가지 이유가 있어요.

첫째, 사춘기 여학생은 다른 어떤 문제보다 친구 관계에 관심이 많고 영향도 크게 받아요. 이는 통계로 보고된 사실입니다. 둘째, 사춘기 여학생은 친구 관계 문제를 다른 문제로 발전시킬 위험이 있어요. 여학생들은 친구 관계의 어려움을 지속적으로 경험했을 때 우울증, 거식증, 폭식증, 학습 장애 등의 문제를 겪기 쉽지요. 사춘기 여학생은 감정 기복이 심하고, 주변, 특히 친구 문제로 방황하기 쉬워요. 이런 사춘기 여학생에게 도움을 주기 위해 이 책을 쓰게 되었답니다.

모든 사람은 완벽하지 않아요. 질투하고 시기하며 누군가를 미워하는 마음이 들기도 하고, 때로는 이해가 되지 않는 행동을 하기도 해요. 청소년기에는 그 정도가 더 심하지요. 특히 자아 정체성이 형성되고 진로와 능력에 대한 고민이 본격적으로 생겨나는 사춘기 무렵에는 감정 조절이나 친구 관계가 더욱 힘들어질 수 있어요. 청소년들은 이런 감정의 변화를 안고 친구 관계를 형성해야 해요.

청소년기의 친구 문제는 아주 복잡하고 다양해요. 아름다운 우정을 쌓다가도 어느 순간 감정의 골이 깊어지기도 하지요. 제 삼자의 개입으로 친구 사이가 나빠지기도 하고, 내가 좋아하는 친구를 다른 사람에게 뺏기기도 해요. 친구를 좋아하는 순수한 마음으로 시간과 노력을 바쳤는데 상대방이 전혀 고마워하지 않는 경우도 있지요.

친구 관계에서 심각한 문제가 생겼을 때 어떻게 하면 좋을까요? 많은 사람들이 친구의 중요성에 대해서 알고 있지만, 친구를 어떻게 사귀고, 어떤 관계를 형성해야 하는지는 자세히 알지 못해요. 사람과 사람의 관계는 정답이 없고, 변화무쌍하기 때문일 거예요.

『우정이 맘대로 되나요?』에는 사춘기 여학생들의 친구 고민이 담겨 있어요. 그리고 정신건강의학과 전문의가 고민 해결을 위한 방법을 제시하고 있지요. 또 친구 문제로 고민하는 자녀를 둔 학부모를 위한 조언도 함께 실었어요.

이 책은 두 가지 특징이 있어요. 하나는 인물 중심이고, 다른 하나는 문제 중심이라는 거예요. 6명의 인물이 겪는 다양한 친구 관계의 문제를 보여 주며 그에 대한 해법을 제시하고 있답니다.

책에 등장하는 인물들은 다양한 유형의 대표라고 볼 수 있어요. 소위 말하는 '엄친딸'은 물론 누구에게나 칭찬받는 모범생, 활달한 성격이지만 뚱뚱한 몸매가 콤플렉스인 아이, 까칠한 성격의 아이, 우유부단한 아이, 친구들에게 따돌림당하는 아이까지 말이에요. 등장인물들이 겪는 고민과 문제들은 오늘을 살아가는 청소년들이 겪는 일들과 크게 다르지 않아요. 이들의 다양한 고민을 따라가다 보면 질투, 열등감, 경쟁심, 외로움, 불안 등과 같은 감정이 친구 관계에서 어떤 문제를 일으키는지 그에 대한 해결책은 무엇인지 알 수 있을 거예요.

이 책을 통해 많은 청소년들이 친구 관계를 바로 세워 나갈 힘을 얻길 바랍니다. 자신의 상황에 적용할 만한 부분이 있다면 꼭 실천해 행복한 친구 관계를 만들어 갈 수 있으면 좋겠어요. 자, 이제 사춘기 여학생들의 이야기 속으로 들어가 볼까요?

문지현·박현경

부모님께 부탁드려요 ▸▸ **질투와 시기심으로 힘들어하는 자녀에게 힘이 되어 주세요**

Part 2 애착과 불안

Part 3 **따돌림과 외로움**

Part 4 공감과 위로

부모님께 부탁드려요▸▸ **공감과 위로는 주는 것도 받는 것도 어려워요**

Part 5 경쟁과 좌절감

질투와 시기심

'넘사벽' 친구가 부담스러워요

모범생 민아가 '엄친딸' 혜림이와
어울리면서 겪는 스트레스

▶▶ 민아의 편지

혜림이랑 다니면 공주 옆의 시녀가 된 기분이에요

선생님, 저는 지금 혜림이 때문에 큰 고민에 빠졌어요. 솔직히
전 혜림이랑 별로 친해지고 싶지 않았어요. 같이 다니면 괜히 비
교만 당할 것 같기 때문이었어요. 혜림이는 정말 '넘사벽'이거든
요. 우리 반, 아니 전교에서 제일 예쁘고 공부도 잘해요. 게다가
집안까지 좋아요. 아버지는 유명한 로펌의 변호사이시고, 어머니
는 화가 겸 교수세요. 할아버지는 장관이셨다고 하고요.

저는 혜림이와 친해지기 전까지 아무런 문제가 없었어요. 대

Part 1. 질투와 시기심   19

기업에 다니시는 아빠, 교사이신 엄마. 부족함 없이 살고 있다고 생각했지요. 그런데 혜림이를 보고 나니 세상엔 정말 잘난 사람이 많구나 싶더라고요. 처음엔 겸손한 마음이 들기도 했어요. 자만하지 말고 더 멋진 내가 되자고 다짐했죠. 그런데 시간이 지날수록 열등감이 생겼어요.

차라리 혜림이와 다른 반이면 그런 애가 있다더라 하면 그만인데 2년째 같은 반이고, 어쩌다 보니 남들이 '절친'이라 부르는 사이가 되고 말았거든요. 말씀드렸지만 전 혜림이랑 '절친'이 될 생각이 없었어요. 하지만 여러 번 같은 모둠이 되고, 혜림이가 자꾸 저에게 다가와서 어쩔 수가 없었어요.

처음엔 혜림이에 대한 호기심도 있었어요. 이런 애들은 어떻게 사나 궁금했지요. 그래서 혜림이네 집에 놀러 가기도 했어요. 혜림이네 집은 어마어마하게 크고, 일하는 사람도 여러 명 있었어요. 마당에 남자 어른이 계시기에 혜림이 아빠인 줄 알고 인사했는데 정원사였어요. 집 안에는 집안일 하는 사람이 3명이나 있었고요. 혜림이가 우리 집에 놀러 온 적은 없어요. 혜림이는 오고 싶다고 난리지만, 너무 비교될 것 같아서 초대하기가 좀 그래요.

그런데 혜림이는 정말 제가 좋은가 봐요. 주변 사람들에게 제 칭찬을 많이 해요. 모범생이고 착하다나요. 좋게 봐주는 건 고맙지만, 제 속마음은 솔직히 좀 복잡해요. 혜림이랑 친하게 지내서 도움이 되는 점도 있지만, 부담이 더 커요. 같이 다니는 게 싫을 때도 있어요. 어딜 가나 다들 혜림이만 쳐다보거든요. 혜림이는 정말 인형같이 예쁘게 생겼어요. 몸매도 선이 곱고요. 혜림이는 아무리 배고파도 허겁지겁 먹지 않아요. 부잣집 애들은 원래 그런가요? 걔랑 다니면 괜히 공주 옆에 있는 시녀가 된 기분이 들어요.

그리고 우리 학교가 남녀공학이거든요. 남자애들 때문에 속상한 적이 한두 번이 아니에요. 저한테 관심을 갖는 것 같아서 내심 설렜는데 사실은 혜림이 때문이더라고요. 혜림이랑 친해지고 싶은데 이야기 좀 해달라, 혜림이는 뭘 좋아하는지, 어떤 학원에 다니는지…… 처음 몇 번은 그냥 넘어갔는데 이젠 정말 짜증이 나요. 제가 혜림이 매니저인가요?

그래서 마음먹고 혜림이랑 좀 멀어지려고 했어요. 같이 다니던 학원도 옮기고 집에 갈 때도 다른 애들이랑 어울려서 갔죠. 그랬더니 친구들이 저한테 혜림이랑 싸웠냐고 묻는 거예요. '절친' 끼리 왜 그러냐고요. 어제는 남의 일에 참견 잘하는 유진이가 정곡을 딱 찌르더라고요. 혹시 질투 나서 혜림이랑 안 노는 거냐고요. 순간 말문이 막혀서 화를 냈는데 사실은 그 말이 맞잖아요. 저 정말 한심하고 못났죠? 그래도 어쩔 수 없어요. 스트레스가 너무 심해요.

더 문제인 건 혜림이가 계속 연락을 한다는 거예요. 갑자기 왜 자기를 피하냐고, 잘못한 게 있다면 무조건 미안하다고, 용서해

달라고요. 혜림이는 우리 사이가 변한 뒤로 학교고 뭐고 다 재미가 없대요. 그렇게까지 말하니 정말 미안했어요. 혜림이 잘못은 아닌데 말이에요. 저 어떡하면 좋죠?

 ## 민아의 스트레스는 '비교' 때문이에요

민아야, 안녕? 이렇게 반갑게 인사를 건네지만 지금 민아의 기분이 좋지 않다는 건 편지를 조금만 읽어 봐도 알 것 같아요. 민아의 편지를 읽으면서 선생님도 많은 생각을 했어요. 민아는 모두가 인정하는 모범생이에요. 고민이나 걱정 없이 모든 일이 술술 풀리는 것처럼 보여 부러움을 살 법한 친구지요. 그런데도 이런 스트레스를 받고 있다고 하니 조금 놀랐어요.

민아의 편지 속 혜림이는 완벽 그 자체로 보여요. 학벌 · 부 · 명예, 뭐 하나 빠지지 않는 집안에다 공부도 잘하고 예쁘기까지 하니까요. 이런 혜림이 앞에서 웬만한 사람은 저절로 기가 죽을 것만 같아요. '넘사벽'……. 아무리 노력해도 넘을 수 없는 사차원의 그 벽에 "땅!" 부딪혀서 어질어질한 상황. 지금 민아가 처한 상황이 이런 거죠?

선생님이 민아의 고민을 한번 깊이 들여다볼게요. 민아는 왜 이렇게 스트레스를 심하게 받고 있는 걸까요? '당연한 거 아니에요? 그렇게 잘난 친구가 내 옆에 버티고 있으니 스트레스가 절로 쌓이는 거죠!' 이렇게 항변하고 싶을지도 모르겠네요. 하지만 그건 진짜 이유가 아니에요. 혜림이와 친한 혹은 혜림이 옆에 있는 모든 사람이 민아처럼 스트레스를 받는 건 아니니까 말이에요.

선생님은 민아의 스트레스 원인이 '비교'라고 생각해요. 혜림이를 그냥 혜림이로 보지 않는 게 문제지요. 나보다 나은 혜림이, 나보다 더 많은 것을 가진 혜림이로 인식하다 보니 비교하게 되고, 경쟁심을 갖게 되면서 마음이 복잡해지는 거예요. 결국 혜림이에 대한 민아의 '생각' 때문에 스트레스를 받고 있는 거지요.

친구 관계뿐만이 아니랍니다. 일반적으로 스트레스라는 반응은 거의 다 비슷한 원인을 가지고 있어요. 시험이 스트레스라고요? 내가 어떻게 바라보느냐에 따라서 시험이 스트레스가 되기도 하고 신경조차 쓰이지 않는 일이 될 수도 있어요. 오히려 시험이 자신의 노력을 평가하고 보상받는 기쁜 계기가 될 수도 있지요.

다시 한 번 물어볼게요. 민아는 구체적으로 혜림이의 어떤 부분을 비교하면서 스트레스를 받고 있는 건가요? 설마 '그냥 다요. 다 비교가 되고 싫어요.' 이런 마음인 건 아니겠죠? 구체적인 비교 원인을 찾는 건 아주 중요해요. 막연한 비교와 그로 인해 만들어지는 부정적인 생각들은 실제보다 더 부풀려지는 특징이 있어요. '친구가 나보다 더 주목받는 게 스트레스야!' 하는 것과 '개

옆에 있기만 하면 무조건 스트레스야!' 하는 것은 상당한 차이가 있는 법이지요.

민아가 주로 어떤 점에서 혜림이와 비교하는지 깨닫는 게 중요한 이유는 의식적으로 생각하지 않으려는 노력이 효과가 없기 때문이에요. 말이 좀 복잡하게 느껴지나요? 이를 두고 '백곰의 모순 현상'이라고 해요. 이 말은 하버드 대학교 심리학 교수였던 다니엘 베그너Daniel Wegner가 했던 실험에서 유래했어요. 사람들에게 백곰에 대한 생각을 억누르도록 노력하자 도리어 백곰에 대한 생각이 머릿속으로 파고들듯이 심해지는 현상이 나타났죠. 사람들이 스트레스를 받거나 우울하면 이러한 모순적인 현상이 더 심해진다고 해요.

그러니 생각을 하지 않으려고 노력하기보다는 민아가 혜림이와 어떤 면을 비교하고 있는지 골똘히 생각해 보라고 하고 싶어요. 가능하면 메모하면서 집중적으로 생각해 보세요. 그리고 '그 모든 게 사실인가?' '정말 혜림이가 민아보다 모든 면에서 다 낫다고 말할 수 있나?' 스스로 질문을 던져 보세요. 강아지가 귀여운 것과 작은 꽃이 귀여운 건 다른 거지 틀린 게 아닌 것처럼요. 그렇게 하다 보면 혜림이가 잘났다는 게 민아에게 위협이나 해가 되지 않는다는 것을 인식할 수 있을 거예요. 그러고 나면 혜림이 때문에 스트레스를 받는 것도 덜해질 거고요.

지금 민아는 혜림이 때문에 스트레스를 받고 있지요. 마찬가지로 세상을 살아가는 다른 많은 사람들도 비교의 잣대 때문에 스스로가 상처 입고 있어요. 사실 비교의 잣대를 대었을 때 흔들리지 않고 무너지지 않을 사람은 많지 않아요. 그래서 중심을 잡는 게 중요해요. 어떤 순간에도 비교의 잣대를 기울이지 않기로 결심하는 것은 이런 종류의 스트레스를 이겨내는 데 큰 도움이 돼요. 단순해 보이지만 꽤 효과적인 해결책이지요.

타인과의 비교 때문에 가장 속상하고 비참해지는 건 바로 나 자신이에요. 괜한 비교로 스스로 마음이 다치지 않도록 마음을 잘 다독여 보세요. 민아에게는 민아만이 가진 특별한 무언가가 있을 거예요. 자신의 장점을 찾아내고 발전시키는 데 시간을 쏟다 보면 혜림이와 비교했던 지난날이 얼마나 아까운 시간이었는지 알게 될 거예요.

✚ 마음 처방전

비교의 잣대를 대었을 때 흔들리지 않고 무너지지 않을 사람은 많지 않아요. 그래서 중심을 잡는 게 중요하지요. 나에게는 나만이 가진 특별한 무언가가 있어요. 자신의 장점을 찾아내고 발전시키는 데 시간을 쏟는 것이 무엇보다 중요하답니다.

들러리가 되기 싫어요

활달한 유진이가
혜림이의 '남사친' 때문에 느끼는 고민

▶▶ 유진이의 편지

자꾸 혜림이 친구 재혁이가 생각나요

선생님, 혹시 민아와 혜림이 이야기 아세요? 민아가 혜림이랑 멀어지고 난 뒤에 혜림이는 그야말로 불쌍 그 자체였어요. 민아 눈치만 보고, 민아가 자리에서 일어서기만 해도 자기한테 오는 가 싶어 기대하는 표정으로 쳐다봤어요. 물론 민아는 혜림이에 게 가지 않았고, 혜림이는 갈수록 더 불쌍해졌지요. 저는 '절친' 이던 둘 사이가 변한 건 다 민아의 질투 때문이라고 생각했어요. 그래서 혜림이가 정말 불쌍했지요. 예쁘고 공부 잘하는 게 죄는 아니잖아요. 집안이 좋은 것도 혜림이가 선택할 수 있었던 것도 아니고요.

그래서 혜림이에게 좀 잘해 줬어요. 쉬는 시간에 옆에 가서 말을 걸고, 화장실도 같이 가고, 집에 갈 때 같이 가기도 했어요. 물론 학교 정문까지만요. 혜림이는 종종 기사 아저씨가 데리러 오거든요. 그러는 동안 예전의 혜림이와 민아 정도는 아니지만, 저도 혜림이와 꽤 가까워졌어요. 우리 집에 혜림이가 놀러 온 적도 있고요. 혜림이는 중학생이 되고 나서 친구 집에 놀러 온 게 처음이라고 되게 신났어요. 그냥 만화책 보다가 아이스크림을 먹고 간 게 다인데 엄청 감동했다고 말하더라고요.

그러고 나서 얼마 뒤에 혜림이가 자기 친구를 소개해 준다고 했어요. 그런데 그 친구는 남자였어요. 새침데기 공주님인 줄로만 알았는데 남자 친구가 있다니 조금 놀랐죠. 둘이 노는 데 끼는 것 같아 좀 싫었지만, 혜림이의 '남자 사람 친구'는 어떤 애일까 궁금하기도 해서 약속을 잡았어요.

혜림이의 친구 이름은 재혁이에요. 재혁이는 잘생기고 키도 컸어요. 부모님끼리 아는 사이라고 하니 집안도 대단하겠죠? 게다가 친절하고 목소리도 좋고 유머 감각도 있고……. 세상에 이렇게 멋진 애가 있나 하는 생각이 들었어요. 이런 남자 친구가 있는 혜림이가 부럽기도 했고요.

재미있게 논다고 생각했는데 집에 돌아오니 마음이 이상해졌어요. 예쁘고 잘생기고 집안 좋은 자기들끼리 놀지, 왜 저를 가운데 끼웠나 싶은 생각이 드는 거예요. 혹시 혜림이가 돋보이고 싶어서 자기보다 못한 저를 일부러 부른 건 아닐까요? 왠지 민아 마음을 알 것 같았어요. 괜히 혜림이가 미워졌거든요.

그런데 혜림이가 미운 것보다 더 큰일이 있어요. 자꾸 재혁이가 생각난다는 거예요. 재혁이는 혜림이 친구이고, 저한테는 관심이 없을 텐데 말이에요. 저 진짜 심각해요. '재혁이 얼굴이나 한번 더 보게 둘이 만날 때 또 끼어봐?' 하는 생각까지 들어요. 어떡하죠?

 ## 이성 관계에서 자존감이 낮은 건 좋지 않아요

유진이에게 갑자기 새로운 인간관계가 생겼네요. 혜림이와 재혁이 둘 다 말이에요. 유진이가 지금 재혁이 때문에 혼란스러운 것 같은데 그 이야기를 하기 전에 혜림이 이야기를 먼저 해볼까요? 유진이가 혜림이에게 가까이 다가간 이유를 분석해 보았어요. 유진이 입장에서는 질투 때문에 혜림이와 멀어진 민아가 너무 냉정해 보인 것 같네요. 혜림이를 불쌍한 피해자로 여겼고요. '민아처럼 친구를 질투하는 건 성숙하지 못한 태도야. 나는 마음이 넓으니까 혜림이를 좀 챙겨 줘야지.' 이런 마음으로 혜림이에게 다가갔던 것으로 보여요.

한동안은 유진이와 혜림이 모두에게 재미있고 도움이 되는 시간이었을 거예요. 유진이는 누군가를 돕고 있다는 것에 만족하면서 동시에 소위 말하는 상류층 아이들의 삶에 대한 호기심을 채울 수 있었겠죠? 혜림이는 새로운 친구의 등장으로 외로움을 견뎌낼 수 있었겠고요. 이대로라면 둘 사이는 아무런 문제가 없어요. 그런데 예상치 못한 인물, 재혁이가 나타났네요. 잘생기고 키 크고 성격, 목소리까지 좋은 이성 친구 말이에요.

여기서 문제가 생겼어요. '재혁이는 정말 멋져. 재혁이와 혜림이는 잘 어울려. 그런데 혜림이는 왜 나를 데려온 거지?' 이런 생각이 유진이를 초라하게 만든 것 같아요. 그전까지 유진이는 민아를 속 좁고 질투 많은 아이라고 생각했는데 결국 자신 또한 다를 게 없다는 생각까지 하게 되었고요.

사실 혜림이 같은 친구가 옆에 있으면 상대적으로 자신이 초라해 보이기 쉬워요. 비교하지 않으려고 의도적으로 노력해야만 중심을 잡을 수 있죠. 그건 아주 자연스러운 일이에요. 유진이가 이상한 게 아니랍니다. 자꾸 재혁이가 생각난다고요? 그것 또한 아주 정상적인 일이에요. 멋진 또래 남자아이에게 마음이 끌리는 건 지극히 자연스러운 마음이니까요.

여기서 정리하고 넘어갈 게 있어요. 평소 이성에 대한 유진이의 감정은 어땠나요? 선생님이 다양한 경우를 이야기해줄 테니 유진이의 이성관은 어떤지 생각해 보세요.

우선 나를 좋아할 게 확실한 상대에게만 마음이 끌리는 경우에 대해 이야기할게요. 이런 경우의 친구들은 다소 자존감이 낮은 편이라고 할 수 있어요. 나를 좋아할 게 확실한 상대라는 전제가 붙으면 너무 적은 수의 사람만 남게 되는 데다 그중에 내가 원하는 사람이 꼭 있으리란 보장도 없잖아요. 이성 관계에서 지나치게 자존감이 낮은 건 좋지 않아요. 나를 좋아해 주는 건 고마운 일이지만, 무엇보다 중요한 건 내가 그 사람을 좋아하는가 하는 점이랍니다.

그다음은 소위 나쁜 이성에게 끌리는 경우예요. 겉으로 드러나는 모습이 차갑다거나 냉정한 말을 아무렇지 않게 한다거나 하는 것은 나쁜 이성이라고 보기 어려워요. 그건 그 사람의 개인적인 특성이고, 그 안에 숨은 매력이 드러나는 경우가 많거든요. 선생님이 말하는 나쁜 이성이란 누가 봐도 겉과 속 모두가 바르지 않은 경우를 말하는 거예요. 그런 이성에게만 끌리는 경우라면 혹시 내가 평강 공주 신드롬에 빠져 있는 건 아닐까 생각해 봐야 해요. 평강 공주는 어딜 봐도 별것 없던 온달을 장군으로 만들었죠. 그렇지만 모든 남자들이 온달처럼 장군이 될 수 있는 건 아니에요. 내가 평강 공주가 아니란 사실도 분명하고요.

다른 이성에게는 마음이 가지 않는데 유독 친구의 이성 친구에게 마음이 가는 경우도 있어요. 선생님이 가장 걱정하는 모습이지요. 이런 경우 그 감정이 실제인지 아닌지부터 의심해 봐야 해요. '훔친 사과가 맛있다.'라는 말처럼 나에게 제한되어 있다는 생각 때문에 실제로는 존재하지 않는 매력까지 덧붙여진 감정일 수 있거든요. 어쩌면 친구와의 경쟁에서 이기고 싶은 마음에 그 이성 친구를 뺏고 싶다는 감정이 드는 것일 수도 있어요. 아주 위험한 감정이지요.

이성 친구를 사귈 때 가장 좋은 경우는 서로가 자연스럽게 호감을 느끼고 마음을 주고받는 거예요. 선생님은 유진이가 자신의 마음을 잘 확인하고 현명하게 행동할 수 있을 거라고 믿어요. 지금 유진이의 마음을 깊이 들여다보고, 재혁이에 대한 고민의 답을 찾아보세요.

✚ 마음 처방전

멋진 또래 남자아이에게 마음이 끌리는 건 지극히 자연스러운 마음이지만 지나치게 자존감이 낮은 건 좋지 않아요. 무엇보다 중요한 건 내가 그 사람을 좋아하는가 하는 점이니까요. 내 마음을 깊이 들여다보고 신중하게 생각하고 행동한다면 현명한 선택을 할 수 있을 거예요.

질투를 견딜 수 없어요

혜림이가 재혁이와 유진이 사이를
의심하며 겪게 된 갈등

▶▶ 혜림이의 편지

유진이한테 재혁이를 뺏기고 싶지 않아요

선생님, 저 고민 있어요. 정말 심각해요. 저는 어릴 때부터 친하게 지내온 남자 친구가 있어요. 이름은 재혁이에요. 우리 집과 재혁이 집은 할아버지 때부터 아는 사이예요. 우리 부모님과 재혁이 부모님도 무척 가까운 사이이고 저랑 재혁이는 어린 시절부터 서로 알았어요.

어릴 때는 그냥 친구처럼 남매처럼 컸어요. 그런데 요즘 재혁이를 향한 제 마음이 알쏭달쏭해요. 좀 좋아하는 것 같기도 해요.

너무 오랫동안 보다 보니까 어떨 땐 그저 그렇다가 또 어떨 땐 좋고 그래요.

그런데 재혁이가 어제 진짜 어이없는 소리를 하는 거예요. 제 친구 중에 유진이라고 좀 뚱뚱하지만 재미있는 애가 있거든요. 요즘 좀 친해져서 재혁이를 만날 때 유진이를 데리고 갔어요. 별생각 없이 셋이 같이 놀면 더 재미있을 것 같아서 그런 건데……. 글쎄 재혁이가 유진이한테 한눈을 파는 거예요. 그날 밤에 저한테 메시지를 보냈더라고요. '네 친구 괜찮더라. 살만 빼면 훨씬 귀여울 것 같던데. 나는 그런 스타일이 좋더라.' 진짜 기가 막혔어요. 내가 옆에 있는데 유진이한테 관심을 보이다니 믿을 수가 없었어요.

그런데 더 기분이 나쁜 건 재혁이 말이 100% 진심인 것 같다는 거예요. 유진이 휴대전화 번호를 알려 달라고 하는 거 보면 말이에요. 하! 그냥 농담으로 받아넘기고 연락처를 알려 주지 말아야 하나, 쿨 하게 알려 줘야 하나, 아니면 어떻게 나를 두고 유진이한테 관심을 보이냐고 화를 내야 하나 감을 못 잡겠어요.

이런 말은 안 하려고 했는데요, 유진이랑 저는 별로 친하지도 않았어요. 저한테는 원래 다른 단짝이 있었거든요. 그런데 무슨 일인지 그 친구가 요즘 저를 피하더라고요. 그래서 엄청 스트레스 받고 괴로워하던 차에 유진이가 다가온 거예요. 그러다가 유진이 집에 놀러도 가고, 재혁이도 보여 주게 된 건데 솔직히 후회

돼요. 그날 유진이를 데리고 나가는 게 아니었어요.

유진이는 재혁이를 보자마자 잘생겼다고 난리였어요. 처음 보는 자리에서 대놓고 연예인 같다고 하지를 않나, 잘생겼다는 말을 몇 번이나 했는지 몰라요. 아무튼 서로 마음에 들어 하는 것 같은데 이러다 진짜 둘이 사귀기라도 하면 어떡하죠?

게다가요, 선생님. 진짜 제 고민은요, 재혁이에 대한 감정이에요. 재혁이가 유진이한테 관심을 보이니까 마음에 갑자기 불이 붙은 것 같아요. 유진이한테 재혁이를 절대 뺏기고 싶지 않아요. 그동안 재혁이한테 좀 더 잘해줄 걸 그랬나 싶기도 하고 말이에요. 저 어쩌면 좋아요?

 누군가를 좋아한다는 건 어떤 의미인가요?

혜림이는 뒤늦게 다양한 감정 공부를 하느라 마음이 많이 복잡할 것 같아요. 이왕 감정에 대한 공부를 시작했으니 정확하게 배우고 넘어가는 기회가 되면 좋겠어요. 준비됐지요?

질투와 시기는 비슷하지만 다른 뜻을 가지고 있어요. 질투는 내 것을 지키고 싶을 때 느끼는 감정이에요. 시기는 다른 사람이 가진 것을 바라보면서 느끼는 감정이지요. 재혁이와 유진이가 친해지거나 사귀게 될까봐 걱정하는 혜림이의 감정은 질투라고 볼 수 있답니다. 내 친구라고 생각했던 재혁이를 빼앗길까 두려운 거니까 말이에요. 혜림이에게는 없는 유진이의 매력에 대한 감정은 시기라고 볼 수 있어요. 질투와 시기는 동시에 나타나는 경우가 많아요.

자, 그러면 혜림이 마음에 폭풍을 불러일으킨 사건에 대해 이야기해 볼까요? 선생님이 보기에 결정적인 요소는 재혁이가 보낸 메시지 같아요. 셋이 함께 놀 때도 재혁이가 유진이에게 눈길을 보내는 것 같아 신경 쓰였는데 그 메시지가 딱 확인을 시켜준 셈이니까요. 그런데 재혁이는 정확히 어떤 마음인 건지, 선생님도 짐작하기가 좀 어려워요. 혹시 재혁이가 혜림이 마음을 떠보려고 한 걸까요? 만일 그랬다면 효과가 있네요. 덤덤하기까지 하던 혜림이의 감정에 불이 붙었으니까요.

이제 혜림이의 감정을 더 자세히 들여다볼까요? 두 사람은 오래전부터 집안끼리 아는 사이인 데다 어려서부터 친하게 지냈어요. 선생님이 보기에는 혜림이에게 재혁이는 '남자'보다는 '친구'에 가까운 것 같은데 어떤가요? 혜림이가 재혁이에 대해 설명하는 걸 보니 그런 생각이 들었거든요.

혜림이는 재혁이의 어떤 면이 매력적인지, 어떤 점 때문에 좋아하는지, 외모나 성격의 특징 같은 걸 전혀 이야기하지 않았어요. 심지어는 좀 좋아한다고 이야기할 때조차 재혁이의 특징은 쏙 빠져 있었지요. 혜림이는 자신의 말처럼 재혁이를 그저 친구로 생각하고 있었던 것 같아요. 이 감정은 이성 친구를 향한 감정과는 다른 것이랍니다. 어쩌면 혜림이는 자신의 마음을 어렴풋이나마 알고 있었을지도 모르겠어요. 단지 지금까지 마음을 확실히 할 기회가 없었던 거죠.

선생님이 보기에 재혁이에 대한 혜림이의 감정은 '잘 모르겠다.'인 것 같아요. 내 사람이라고 생각했던 재혁이를 잃을지도 모른다는 시기 섞인 질투심에 뺏기고 싶지 않다고 생각하게 된 것은 아닌가 싶기도 하고요. 누군가를 좋아하는 것과 빼앗기고 싶지 않은 것은 큰 차이가 있는 감정이랍니다.

여러모로 마음이 뒤죽박죽인 혜림이에게 도움이 될 만한 질문을 던져 보려고 합니다. 혜림이에게 누군가를 좋아한다는 건 어떤 의미인가요? 혜림이에게 재혁이는 어떤 의미가 있는 사람인가요? 지금 당장 대답하지 않아도 괜찮아요. 조용히 생각하는 동안 혜림이가 자기 마음 깊은 곳의 소리에 귀를 기울여볼 수만 있다면 충분해요. 내 마음이 어떤 생각들로 가득 차 있는지 알아가는 과정을 통해 혜림이는 한 단계 더 성장할 수 있을 테니까요.

✚ 마음 처방전

누군가를 좋아하는 것과 빼앗기고 싶지 않은 것은 큰 차이가 있는 감정이에요. 누군가를 좋아한다는 건 나에게 어떤 의미인지 한번 생각해 보세요. 내 마음이 어떤 생각들로 가득 차 있는지 알아가는 과정을 통해서도 우리는 한 단계 더 성장할 수 있답니다.

화목한 집에서 자란
주희가 부러워요

가정 폭력에 시달리는 서인이가 주희 가족의
화목한 모습을 보며 느끼는 소외감

▶▶ 서인이의 편지

집을 떠나고 싶어요

엄마 아빠께 혼나고 놀이터로 쫓겨난 날이었어요. 사건의 발
단은 수학 공부였어요. 수학 문제를 풀고 있는데 집중이 안 되고
답답하더라고요. 그래서 멍하니 그림을 그리고 있었어요. 1시간
쯤 흘렀던 것 같아요. 갑자기 방문이 벌컥 열리더니 엄마가 들어
오셨어요. 엄마는 공부를 얼마나 했는지 보자며 문제집을 검사
하셨어요. 공부를 시작할 때 엄마가 확인했던 것과 달라진 게 하
나도 없었지요. 그러자 엄마의 잔소리 대폭풍이 시작됐어요. 도

대체 지금까지 뭘 한 거냐, 이렇게 멍하니 있을 거였으면 집안일이나 거들지 그랬냐 등등. 20분쯤 혼나고 있자니 현관문 열리는 소리가 들렸어요. 아빠가 퇴근하고 오신 거예요. 엄마는 아빠가 오셨는데도 계속해서 화를 내셨어요. 수학 공부로 시작했던 꾸중이 나중에는 양말을 뒤집어 벗는 것, 용돈을 아끼지 않는 것, 텔레비전 볼 때 소파에 눕는 것까지 번져 커졌어요. 그야말로 분노의 대폭발이었어요.

겨우 엄마의 화가 잦아들었나 싶었을 때 아빠가 들이닥쳤어요. 아빠는 대뜸 제 머리를 세게 한 대 때리셨어요. 그러더니 휴대전화를 뺏고 집 밖으로 쫓아냈어요. 이렇게 말을 안 듣고 공부도 안 할 거면 나가라고 하시면서 말이에요. 양말도 제대로 못 신고 쫓겨 나는데 엄마는 한심하다는 표정으로 저를 노려보았고, 아빠는 화가 나 씩씩거리며 문을 쾅 닫으셨어요. 멍하니 서 있는데 부모님이 싸우는 소리가 들려왔어요. 늘 이런 식이었어요. 저를 혼낼 때는 한편인 것처럼 굴다가 곧바로 두 분의 2라운드가 시작되지요.

정말 집을 떠나 멀리 가고 싶었어요. 하지만 용기가 나지 않았지요. 돈도 없고, 휴대전화도 없고, 뉴스에 나오는 것처럼 나쁜 일을 당하면 어떡하나 걱정도 들었거든요. 갈 데가 없어서 놀이터 벤치에 앉아 있었어요.

그때 주희가 보였어요. 온 가족이 다 같이 나왔더라고요. 주희와 주희 엄마는 배드민턴을 쳤고, 주희 아빠와 주희 오빠는 축구 공으로 패스 연습을 했어요. 주희가 친 셔틀콕이 자꾸 엉뚱한 방향으로 날아갔는데도 주희 엄마는 짜증 한 번 내지 않으셨어요. 주희 오빠도 축구를 잘 못해서 패스가 자주 끊겼는데 주희 아빠는 "괜찮아, 잘했어. 다시 해보자!" 하면서 격려해 줬어요.

그러다가 가족이 2대 2로 팀을 나눠서 농구를 하더라고요. 텔레비전 드라마에서도 보기 힘든 사이좋은 가족의 모습이었어요. 주희 아빠는 주희에게 슛할 기회를 자주 만들어 주셨어요. 주희가 번번이 골을 놓쳤지만, 활짝 웃기만 하셨죠. 주희 오빠도 주희를 아끼는 것 같았어요. 넘어질 뻔한 주희를 잡아 주고, 수비하는 척하다 일부러 져주더라고요.

주희네 가족을 보고 있자니 제 처지가 너무 초라해 보였어요. 슬그머니 일어나 집으로 돌아왔지요. 주희가 절 봤는지는 모르겠지만, 괜히 어깨가 움츠러들었어요.

집에 들어오니 분위기가 냉랭했어요. 부부 싸움은 끝난 것 같아 다행이다 싶었는데 엄마가 제게 화풀이를 시작했어요. 왜 벌써 들어왔냐고요. 하아…… 저는 왜 이런 집에서 태어난 걸까요? 왜 이렇게 살아야 하는 걸까요? 주희는 그렇게 행복하게 사는데……. 전 정말 괴로워요.

자신이 행복할 자격이 있음을 잊지 마세요

많이 힘들 텐데 솔직한 이야기를 들려주어 고맙고 또 안타까운 마음이에요. 공부하다 보면 집중이 안 되고 멍해질 때가 있지요. 자기도 모르게 딴짓을 하게 되는 때도 있고 말이에요. 서인이 어머니는 서인이가 이런 상태에 빠질 수 있다는 걸 받아들이기 어려운 것 같아요. 서인이의 마음보다는 공부에 더 관심이 있어 보이기도 하고요. 엄마가 딸이 공부를 열심히 하는지 관심 갖는 건 바람직한 현상이에요. 또 부모로서 자식을 꾸중하는 것도 당연하고 자연스러운 일이지요. 하지만 서인이 어머님의 꾸중하는 방법은 우려가 돼요. 작은 잘못으로 시작한 꾸중이 다른 잘못으로까지 이어져 거대한 분노로 연결되는 것 같아서 말이지요.

다른 걸 다 떠나서 서인이가 아빠에게 맞았을 때 얼마나 비참하고 속상했을까 생각하니 선생님 마음이 너무 아팠어요. 선생님은 '맞을 짓'이란 없다고 생각하거든요. 체벌로 사람이 달라지지 않는다는 연구 결과가 무수히 나오고 있음에도 아직 우리나라에는 '때려서 버릇을 고친다.'라는 생각이 상당히 남아 있는 것처럼 보여요. 하지만 부모님이 '사랑의 매'를 드는 사례를 찾아보긴 어려워요. 다분히 감정적인 경우가 많거든요. 그게 지나쳐 학대가 되기도 하고요. 서인이 아버지의 경우는 훈육이라고 보기도 힘들어요. 오히려 폭력에 가깝지요.

서인이는 흔히 말하는 가정 폭력을 당하고 있어요. 가장 안전하고 편안해야 할 장소인 가정에서 폭력을 경험했던 사람들은 흔히 마음에 상처를 안고 있어요. 다른 사람을 잘 믿지 못하고, 지나치게 유순하거나 혹은 정반대로 공격적인 모습을 띠기 쉽죠. 또 감정 조절이 잘 안 되고, 사회적으로 위축된 모습을 보이는 등 대인 관계에 어려움을 겪곤 해요. 우울증이나 품행 장애, 주의력결핍 과잉행동장애ADHD 같은 증상을 보이는 경우도 있고요.

집을 나가고 싶은 마음이 굴뚝같았지만 꾹 참은 건 정말 잘한 일이에요. 가정 폭력의 결과 중 제일 안타까운 건 자신이 사랑받을 가치도 없고 쓸모없는 사람이라는 확신을 가슴속에 담게 되는 거예요. '나는 맞아도 싸.' 같은 생각을 진심으로 받아들이다 보면 비뚤어진 행동을 하기 쉬우니까요. 가출이 또 다른 피해와 고통으로 이어지는 사례도 흔하고요.

가정 폭력은 서인이 같은 피해 자녀에게만 나쁜 영향을 미치는 게 아니에요. 폭력을 가하는 부모님도 정서적인 고통을 겪어요. 서인이 눈에는 부모님이 아무런 마음의 고통을 겪지 않는 것처럼 보일지도 모르지만, 사실 자녀에게 손찌검한 부모들은 대다수 심각한 죄책감에 시달린다고 해요. 가정 폭력 가해자는 어린 시절 가정 폭력의 피해자였던 경우가 많다고 하고요. 자녀에게 지나치게 많은 걸 기대하는 부모들이 가정 폭력을 휘두르는 일도 있지요. '우리 부모님은 나에게 아무것도 기대하지 않는 것처럼 보이는데?' 하는 생각이 들지도 모르겠네요. 그렇지만 막상 가정 폭력 가해자인 부모님들의 이야기를 들어 보면 '내 아이는 다를 줄 알았다. 절대 속을 썩이지 않을 줄 알았다.' 같은 이야기를 하시는 경우가 자주 있어요. 하지만 부모님이 알아둘 게 있어요. 부모님 속을 절대로 썩이지 않는 자녀는 거의 없다는 사실 말이에요.

자, 이제 서인이와 서인이 가족이 어떻게 하면 주희네 가족처럼 화목해질 수 있는지에 대해 이야기해 보기로 해요. 가장 좋은 방법은 서인이와 부모님이 함께 바람직한 의사소통 방법을 배울 수 있도록 전문적인 도움을 받는 것이랍니다.

지금 서인이 가족의 모습이 이상적인 형태가 아니라는 건 부모님도 공감하고 계실 거예요. 화목한 가정을 위해 모두 함께 용기를 내서 가까운 상담 기관에 문의하여 실질적인 도움을 얻으면 좋겠어요.

이 방법이 쉽지 않다면 서인이가 먼저 자기 상처를 덧나지 않게 잘 어루만져 주는 시도를 해봤으면 해요. 청소년 상담 센터 등 온라인과 오프라인 모두에 연결될 수 있는 상담 기관은 어디라도 찾아가면 좋겠어요. 상담하시는 선생님들이 다양한 방법으로 서인이를 도와줄 거예요. 서인이 혼자만의 노력으로 가정이 변화하기 어렵다는 건 잘 알고 있어요. 그래도 가족은 유기체이기 때문에 서인이에게서 변화가 먼저 시작되면 부모님에게로 연쇄

작용을 일으킬 수 있어요.

마지막에 서인이가 답답해하며 그랬죠? "나는 왜 이렇게 살아야 하는 걸까요?" 하고 말이에요. 지금 서인이는 부모님이 많이 원망스러울 거예요. 그래도 부모님의 입장에 대해 이해하려고 노력해 보았으면 좋겠어요. 잘은 모르지만 서인이의 부모님도 말 못할 상처나 어려움 때문에 서인이가 충분히 누려야 할 행복과 안정감을 주지 못하는 것일지도 몰라요.

선생님은 서인이가 조금이라도 행복하고 편안하게 살았으면 해요. 서인이는 '원래 행복하고 편안하게 살아야 하는 사람'이니까요. 이 세상 그 누구도 상처 입은 채 엉망으로 살아야 할 사람은 없어요. 다른 건 다 잊더라도 서인이가 행복해질 자격을 갖고 있는 사람임은 절대 잊지 말아야 해요. 스스로에게 이야기해 주세요. '나는 참 소중한 사람이야.'라고 말이에요.

✚ 마음 처방전

가정에서 폭력을 경험했던 사람들은 흔히 마음에 상처를 안고 있어요. 다른 건 몰라도 내가 행복할 자격이 있는 사람임을 절대 잊지 말아야 해요. 스스로에게 이야기해 주세요. '나는 참 소중한 사람이야.'라고 말이에요.

질투와 시기심으로 힘들어하는
자녀에게 힘이 되어 주세요

'비교'는 질투와 시기심을 유발하는 행동이에요. 부모님들도 경험해 봐서 잘 알고 계시지요? 옆 사람과 비교하느라 정신없는 청소년기를 경험하셨을 거고, 지금도 여전히 비교로 인한 질투·시기의 복잡한 감정을 느끼고 있을 테니 말이에요. 다른 사람과 비교해 봤자 내 마음만 상하고, 열등감으로 괴로워진다는 걸 잘 알면서도 그게 참 마음대로 되질 않잖아요.

하지만 부모님 입장에서 내 자녀가 자기 소모적인 질투와 시기심, 즉 열등감에 시달리며 살아가도록 내버려 두고 싶지는 않으실 거예요. 질투와 시기의 감정을 초월하지는 못하더라도, 어떤 방향으로 나아가는 게 옳다는 걸 모르는 건 아니에요. 그러니까 부모님께서 직접 자녀들에게 질투와 시기의 감정에 휘둘리지 않도록 방향을 제시하는 역할을 해주셨으면 좋겠습니다.

자녀가 질투와 시기심이 유난히 많다면 우선 이런 감정들이 나쁜 것만은 아니라는 점을 인식하게 해주세요. 건강한 질투와 시기심은 동기 부여의 역할을 하기도 한답니다. 하지만 질투와 시기가 지나쳐 중요한 것을 놓치지 않도록 주의해야 해요. 자녀가 어떤 부분에서 질투와 시기심을 보이는지 가만히 지켜보세요. 대개 스스로 부족하다 생각하는 걸 가진 이를 향해 그런 감정을 내비칠 거예요. 어떤 부분에서 질투와 시기심을 보이는지를 지켜보면 자녀가 부족하다 생각하는 점이 무엇인지 엿볼 수 있어요. 그 마음을 엿본 뒤에는 자녀가 부족함을 채울 수 있도록 도와주면 좋겠지요.

이런 행동은 조심해 주세요

자녀가 주변 친구들에 대한 질투와 시기심을 드러내며 험담할 때 부모님은 어떻게 하시나요? 혹시 아이의 말에 맞장구치며 동조하지는 않나요? 부모님의 동조가 어느 정도는 자녀의 마음이 풀어지는 데 도움이 되는 건 사실이에요. 하지만 단순히 타인에 대한 험담에 동조할 것이 아니라 자녀의 말속에 담긴 속뜻을 한번 살펴보세요. 다른 이를 향한 자녀의 질투와 시기심 안에는 자신이 갖고 싶은 아쉬움이 들어 있기 마련이거든요.

그렇다고 너무 정곡을 콕 찔러서 '너, 열등감 때문에 그러는 거지? 괜히 친구를 샘내는 거 아니야?'라고 반응하시면 안 돼요. 자녀에게 정신적으로 생채기를 입힐 수 있거든요. 당장은 작은 상처일지 몰라도 쌓이면 큰 상처가 될 수 있어요. 바른말이라고 해서 언제나 고운 말인 것도, 꼭 필요한 말인 것도 아니니 주의해야 한답니다.

이렇게 해보면 어떨까요?

기초 공사를 튼튼히 하는 것만큼 중요한 일은 없습니다. 질투와 시기심 때문에 힘들어하는 자녀에게 자존감을 심어 주는 것은 기초 공사에 해당하는 일이에요.

자녀가 질투와 시기심에 휩싸여 있다면 우선 자녀의 감정에 공감해 주세요. 속상한 마음이 드는 건 사실이고 피할 수 없으니 '그래 정말 속상하긴 하겠다.' 하고 공감해 주면 좋겠습니다.

그다음에는 이 세상에 나는 하나밖에 없다는 것, 나는 존재 자체만으로도 소중하다는 점을 강조해 주세요. 그런 뒤 자녀가 어느 부분에서 열등감을 느끼는지 곰곰이 생각해 보고, 그 점을 극복할 수 있도록 조언해 주어야 한답니다. 이때 적당히 완곡하고 간접적인 방법으로 조언하는 게 좋아요. 자녀가 예민한 편이라면 더욱 표현을 조심해야 하지요.

Part 2

애착과 불안

단짝 친구가 갑자기 외면해요

멀어지는 민아 때문에 의욕을 잃은 혜림이

▶▶ 혜림이의 편지

민아가 갑자기 싸늘해졌어요

선생님, 얼마 전에 보낸 편지에 썼던 민아에 대한 이야기 기억
나세요? 요즘 민아 때문에 마음이 너무 안 좋아요. 민아는 영원
한 우정을 나눌 수 있을 거라고 믿었던 친구예요. 민아는 제 이야
기를 잘 들어주고, 배려심도 깊고, 좋아하는 과목이나 책, 영화까
지 비슷했어요. 심지어 좋아하는 선생님도 같았고요. 저는 형제
자매 없는 외동이라 민아를 언니처럼 생각하고 좋아했어요. 민
아가 좀 어른스럽거든요. 뭐든 고민이 생기면 민아한테 이야기

했어요. "민아야, 너의 조언이 필요해." 하소연만 하면 "혜림아, 내 생각에는……." "혜림아, 나라면……." 하면서 차분하게 자기 생각을 말해 줬어요. 하나같이 다 도움이 되는 말이었지요. 저는 민아와 있으면 모든 게 충전되는 느낌이었어요.

그런데 민아가 갑자기 싸늘해졌어요. 저를 자꾸 피하고, 웃지도 않아요. 아무리 생각해도 제가 특별히 잘못하거나 실수한 건 없는 것 같은데 말이에요. 처음에는 컨디션이 좀 안 좋은가 보다, 며칠 지나면 괜찮아지겠지 했어요. 그런데 단순한 문제가 아니었나 봐요. 저를 계속 못 본 체해요. 다른 친구들한테는 잘해 주면서요. 심지어 어제는 중간고사 끝난 기념으로 주희랑 영화도 봤대요. 원래 저랑 보기로 했던 영화였는데 말이에요. 주희한테 그 말을 들으니 얼마나 속이 상하고 기가 막히던지…….

하도 답답해서 민아에게 손 편지를 썼어요. 왜 그러냐고, 혹시 내가 뭘 잘못했다면 무조건 미안하다고, 다 고치겠다고 했어요. 그랬는데 민아에게서는 아무런 답장이 없어요. 답답하니 제발 답장을 해달라고 메시지를 보내고 며칠이 지나서야 답이 왔어요.

민아가 힘들대요. 힘든 건 저 때문이 아니라 자기 자신 때문이라고 했어요. 무슨 말인지 모르겠다고 했더니 이러는 거 있죠. 예전처럼 지내기는 어려울 것 같으니 마음 맞는 새 친구를 찾아 잘 지내라고요. 진짜 황당했어요. 민아가 저한테 왜 이러는 걸까요?

민아와 관계가 틀어진 뒤로 학교에 가는 것도, 사는 것도 다 귀찮고 싫어졌어요. 제가 축 처져 있으니 부모님도 걱정하시는데 아무것도 말하기 싫고 또 어떻게 말해야 할지도 모르겠어요.

'영원'에 대한 기대가 좌절되면 성숙해져요

혜림이는 지금 마음이 많이 아프겠군요. 민아와 친했던 만큼이나 상심도 크겠지요. 혜림이의 속상한 마음을 충분히 이해합니다. 사람이 좋아하는 대상을 선택하는 방식에는 크게 두 가지가 있다고 해요. 그 첫 번째는 자기애적 선택이에요. 자기와 이미지가 비슷하거나 자기가 되고 싶은 이미지와 비슷한 사람에게 끌리고 좋아하게 되지요. 두 번째는 애착적 선택이에요. 나를 돌보아 주거나 위험으로부터 보호해 주는 사람에게 호감을 느끼는 경우예요.

실제로는 이 두 가지 방식이 섞여 있는 경우가 많긴 해요. 혜림이는 자신과 닮은 민아를 보면서 자기애적인 호감을 느끼고, 그에 더해 친언니같이 돌봐 주는 느낌까지 받으면서 애착도 생긴 것 같아요.

그런데 어쩌죠? 민아가 갑자기 싸늘해졌으니 말이에요. 모든 친구에게 다 그런다면 민아에게 어떤 사정이 있겠거니 할 텐데 지금 민아는 혜림이에게만 유독 냉정한 것 같네요. 그러니 혜림이 마음이 얼마나 힘들었을까요.

민아의 냉정함만으로도 견디기가 힘든데 다른 친구들의 시선도 부담될 거예요. 학교라는 사회에서 지내다 보면 어쩔 수 없이 다른 사람 시선을 의식할 수밖에 없으니까 말이에요. '어, 재네들 왜 저래? 민아랑 혜림이 절친 아니었어?' '민아가 웬만해서 저렇게 삐치는 애가 아닌데 혜림이가 뭔가 단단히 잘못했나 보다.' 이러쿵저러쿵 다른 사람 이야기하기 좋아하는 친구들의 입방아에 오르내리는 것, 어쩌면 가장 속상하고 힘든 일이 아닐까요?

어휴, 거기다 영화 사건까지. 시간이 흐르면 좋아지겠지 하면서 기다려 보려던 생각이 달라지는 결정적 계기가 되었을 거예요. 같이 보자고 약속한 영화를 한마디 말도 없이 다른 친구랑 봐버렸다니 그건 혜림이와 거리를 두겠다는 민아의 확실한 의사 표현이라고 할 수 있거든요.

혜림이는 어리둥절하고, 억울하고, 속상하고 온갖 감정이 뒤범벅됐을 거예요. 그럼에도 혜림이는 '다 내 잘못이야.' 하며 숙이고 들어가는 태도를 취했네요. 민아를 정말 소중하게 생각하나 봐요. 이건 정말 쉽지 않은 선택이었을 텐데 말이죠.

선생님이 앞에서 이야기한 자기애적 선택에 대해 자세히 이야기해 줄게요. 혜림이는 민아를 '또 다른 나'라고 생각하고 있었던 것 같아요. 비슷한 점이 많고 잘 통한다는 점에서 크게 끌린 것이지요. 여기에 민아가 가진 좋은 점들은 혜림이가 바라는 자기 자신의 모습이기도 했고 말이에요. 예를 들면 어른스러워 보인다거나 조언이 필요하다고 할 때 차분하게 대답을 잘해 준다거나 그 말들이 실제로 도움이 많이 된다거나 하는 것들이요.

엄마들은 본능적으로 아기를 사랑하지요. 그런데 아기를 키우면서 자기랑 쏙 빼닮은 모습을 보면 더 큰 애정을 느낀다고 하거든요. 거기다가 엄마들 스스로가 부족하다고 느꼈던 부분에서 아이들이 잘하면 더욱 사랑하는 마음이 커지기 마련이랍니다. 공부를 더 하지 못해 아쉬웠던 엄마들은 아이가 공부를 열심히 할 때 자기가 바라던 자신의 모습이 더 완전해지는 것 같아 만족과 행복을 느끼게 된다고 해요. 이게 지나치면 "내가 엄마의 대리만족 대상이야?" 하는 자녀의 반항으로 이어질지 모르지만, 자녀에게서 자신의 모습을 보고 그 모습이 더 완벽해지기를 바라는 건 분명한 사실이지요.

이렇게 좋아한 친구였기 때문에 민아가 등을 돌린 걸 깨달았을 때 혜림이는 그만 주저앉고 싶은 마음이 들 정도로 힘들었을 거예요. 친구를 잃은 혜림이에게 지금 어떤 말이 위로가 될까요. 시간이 약이라고 하지만(실제로 시간은 꽤 잘 듣는 약이기도 해요) 지금 혜림이에게는 시곗바늘이 민아가 떠나간 그 시점에 멈춰 있는 거나 마찬가지이기 때문에 전혀 도움이 되지 않을 거예요. 지금처럼 힘든 때야말로 민아의 위로와 조언이 필요한데 바로 그 친구 때문에 이렇게 힘드니 어떻게 해야 할까요?

선생님은 낙심한 혜림이에게 손쉬운 위로를 던져 주지는 않으려고 해요. 대신에 혜림이가 했던 말을 찬찬히 되짚어 볼게요. 먼저 혜림이가 처음에 한 말부터요. 혜림이는 영원한 우정을 기대했다고 말했죠. 하지만 영원은커녕 불과 1년도 못 가서 가슴이 찢어지는 일이 생길 수도 있어요. 그런데요, 조금은 냉정하게 들릴지 모르지만 영원에 대한 기대 같은 것들이 좌절되면서 우리는 조금씩 성숙해진답니다.

유치원 때 내 마음에 쏙 들었던 소중한 단짝 친구를 떠올려 보세요. 언제나 영원히 친할 것만 같고, 또 그러자고 약속했을 수 있어요. 하지만 유치원 시절 친구와 헤어지게 되는 수가 많아요. 긴 세월이 흐르면 이름조차 잘 기억나지 않게 되기도 하죠. 운 좋게 유치원 때부터 사귄 친구들과 쭉 잘 지내는 사람들도 있지만, 대부분은 서로 다른 길을 가느라 바빠 어린 시절의 친구들을 잊고 살곤 한답니다.

초등학교 시절의 친구는 또 어떤가요? 혜림이에게도 민아를 만나기 전 초등학교 때 단짝이었던 친구가 있었을 거예요. 하지만 지금은 민아가 최고의 친구라고 생각하고 있잖아요. 시간은 생각보다 금방 지나가요. 지루한 수업 시간은 엄청 더디게 흘러가는 것 같지만, 금세 방학이 오고, 졸업하게 돼요. 그러다 보면 새로운 친구가 생기고 혜림이의 마음도 정리될 거예요.

요즘 혜림이 때문에 부모님의 걱정이 크다고 했죠? 혜림이는 지금 이 상황을 부모님께 말해야 할지 모르겠다고 했지만, 선생님은 말하는 게 좋다고 생각해요. 부모님은 혜림이를 가장 염려하고 사랑해 주시는 분들이니까요. 그런데 어떻게 말을 해야 할지 모르겠죠? 이런 이야기는 나이를 더 먹어도, 인간관계에 대한 공부를 많이 한 학자도 쉽게 꺼내기 어려운 게 사실이에요.

그러니 이리저리 재고 미루기보다 눈 딱 감고 털어놓으세요. 가슴속에 담아 두어 곪도록 놔두는 것보다 두서없는 말이라도 털어놓는 게 훨씬 나아요. 부모님께 속 시원히 이야기해 걱정을 덜어 드리고 혜림이도 위로받는 시간을 가져 보세요. 사실 이렇게 선생님에게 이야기하는 동안 혜림이는 털어놓는 연습을 미리 한 거나 마찬가지랍니다.

✚ 마음 처방전

우리는 모두 영원한 우정을 기대하지만 졸업하고 자기 일에 바빠지다 보면 친했던 친구들도 자연스럽게 멀어지게 된답니다. '영원'에 대한 기대가 좌절된다는 건 우리를 조금씩 성숙하게 한다는 것도 꼭 기억하세요.

친구고민
02

친구들의 부탁을
거절하기가 힘들어요

수진이를 도와주고도 원망을 들은 주희

▶▶ 주희의 편지

다들 부탁할 일이 있으면 저를 찾아요

선생님, 저 요즘 머리가 너무 아파요. 그냥 하는 말이 아니라 진심으로 머리가 많이 아파요. 이놈의 두통은 아침에 일어나서 밥 먹고 학교 가면 바로 시작돼요. 점심 먹을 때 잠깐 통증이 사라졌다가 오후 수업이 시작되면 다시 아파져요. 집에 돌아온 뒤 저녁 먹기 전까지 쭉이요. 신기하게도 저녁을 먹을 때 또 잠깐 괜찮다가 학원에 가면 다시 아파지고, 잠을 잘 때까지 계속 시달려요. 정말 이상한 건 주말에 쉬려고 하면 더 아프다는 거예요. 공부 스트레스 때문이면 학교에 가는 날만 아플 텐데 쉬는 날도 아프니까 혹시 큰 병에 걸린 건 아닐까 겁이 났어요. 그래서 한 달째 머리가 아프던 날 부모님과 병원에 갔어요.

병원에서 이런저런 검사를 했는데 다행히도 심각한 병은 아니라고 했어요. 의사 선생님은 신경성 두통이라면서 "요새 공부 많이 했나 봐요? 스트레스를 받아서 머리가 아픈 거예요." 하며 대수롭지 않게 말씀하셨어요. 그러면서 약을 잔뜩 주셨어요. 한 봉지에 들어간 알약이 일곱 개나 돼요. 그걸 하루 세 번 먹으래요. 약을 먹으면 좀 낫고 안 먹으면 심하게 아파요. 그런데 한 움큼씩 약을 먹으니 친구들이 이상한 눈으로 쳐다보더라고요. 저도 무슨 약물 중독자가 된 것 같은 기분이 들어 걱정됐고요. 도대체 어떤 스트레스가 두통을 일으키는 걸까 생각해 봤어요. 가만히 기억을 더듬어 보니 수진이와의 일이 떠올랐어요.

수진이는 좀 이기적인 편이에요. 그런데 제가 잘못 걸려서 크게 고생한 적이 있었지요. 어느 날 수진이가 학원 숙제를 도와달라고 했어요. 이번에 숙제를 제대로 해가지 않으면 학원에서 쫓겨날지도 모른다고 말이에요.

저도 할 일이 태산 같았지만, 수진이가 너무 걱정하고 졸라대서 할 수 없이 도와줬어요. 그런데 정말 웃긴 건 다음 날 수진이가 고맙다는 인사는 못할망정 도리어 화를 내는 거예요. 숙제가 엉망이어서 망신당하고 혼까지 났다면서요. 어이없고 황당했어요. 수진이 때문에 제가 얼마나 고생했는데요.

사실 수진이와의 일만이 문제인 건 아니에요. 저는 친구 문제 때문에 참 힘들어요. 공부보다 친구 때문에 더 힘들다면 어느 정도인지 아시겠어요?

다들 부탁할 일이 있으면 저를 찾아요. 어떤 때는 쉬는 시간에 화장실에 두 번 가기도 해요. 이 친구가 가자고 해서 갔다 왔는데 저 친구가 가자고 해서 또 가는 식이죠. 영화도 두 번 본 적 있어요. 집에 갈 때도 시간이 오래 걸려요. 같이 집에 가는 친구들을 다 데려다 주고 가기 때문이에요. 조금 더 이야기하고 싶다고 데려다 주면 안 되냐는 친구의 부탁을 거절하기가 어려워요. 엄마가 직장에 다니셔서 다행이지 이렇게 빙빙 돌아 집에 오는 걸 알면 기막혀하실 거예요.

친구의 부탁을 거절하지 못하고 자꾸 휘둘리는 제 성격을 고치고 싶긴 한데 잘 안 돼요. 거절하는 게 너무 힘들거든요. 그렇다고 제가 인기가 있는 것도 아니에요. 친구들은 제가 만만하고 부탁하기 좋다고만 생각하나 봐요. 좋은 일이나 재미있는 일이 있을 때는 딱히 저를 찾지 않는 걸 보면 말이에요. 아쉬운 일이 생기거나 원래 친한 애랑 문제가 생겼을 때 저를 찾아와요. 휴, 저는 여기저기 부탁을 들어줘야 하고, 시간 내서 어디 같이 가줘야 하고, 정말 피곤해요.

제가 좋아하는 친구가 누군지, 누구랑 뭘 같이 하고 싶은지도 모르겠어요. 그저 남들이 원하는 대로 움직여 주다가 이래저래 원망 듣고 책임만 덮어쓰며 지낼 것 같은 생각도 들어요. 아, 또 머리가 아프네요.

 단호한 결단을 내리고 실천하세요

주희 이야기를 읽으면서 선생님도 가슴이 답답하고 한숨이 나왔어요. 정말로요. 주희는 사방이 다 꽉 막혀서 옴짝달싹하기 어려운 상황처럼 느껴질 것 같아요. 한편으로 머리가 아픈 게 당연하지 않나 싶을 정도였다니까요.

먼저 주희의 두통 증상에 대해 이야기할게요. 온종일 머리가 아프고 너무 아파서 아무것도 못할 정도인데 병원에서는 간단하게 이야기해 의아하지요? 주희의 머리가 아픈 원인은 스트레스예요. 그러니 신경을 덜 쓰면 두통은 사라질 거예요.

그런데 가만히 생각해 보면 이 말만큼 억울한 게 없어요. 아니 누가 신경을 쓰고 싶어서 쓰나요? 스트레스 받고 싶어서 받는 사람은 또 어디에 있고 말이에요. 그나마 주희 부모님께선 주희의 두통에 대해 진지하게 받아들여 주시는 것 같아 다행이에요. 신경성 두통 같은 진단을 받으면 마치 꾀병 부리다가 들킨 것처럼 '아무것도 아닌데 괜히 신경 쓰니까 아픈 거야.' 하는 지적을 당하기도 하거든요. 그래서 그냥 단순한 신경성이 아닌, 정확한 병명을 짚고 넘어가야 할 필요가 있어요.

주희가 두통에 시달리는 건 '신체화somatization' 때문이에요. 속담 중에 '사촌이 땅을 사면 배가 아프다.'라는 말을 들어본 적 있죠? 사촌이 땅을 산 것과 내 배가 아픈 것은 아무런 상관이 없어요. 그저 샘이 나고 부럽고, 자기 신세가 보잘것없게 느껴지기도 하고 이런저런 불편한 감정에 시달리게 되지요. 이런 소화가 안되는 온갖 감정들이 속에서 부글부글하다 보니 배가 아픈 거예요. 마음에서 일어난 생각과 감정들이 배가 아픈 신체 증상으로 나타나는 것이지요. 주희의 머리가 아픈 것도 스스로 감당하기 힘든 심리적 갈등이 '신체화'로 드러나는 것이라고 볼 수 있어요.

편지를 읽어 보니 주희는 수진이와의 일 때문에 두통을 앓게 된 것 같아요. 주희와 수진이는 원래 가까웠던 사이인가요? 주희 이야기를 들어 봐서는 아주 친한 것 같지는 않네요. 숙제를 열심히 도와주었는데 돌아오는 건 원망과 비난뿐이라니 주희 말대로 수진이가 이기적인 면이 있어 보여요. 그런데 이게 꼭 수진이만의 문제였을까요? 그게 아니란 걸 주희는 이미 알고 있을 거예요.

주희의 고단한 인간관계 이야기를 정리해 볼까요? 다른 친구들이 주희를 만만하게 생각하는 것처럼 느껴진다고 했죠? 안타깝지만 그 느낌이 사실인 것 같네요. 친구들이 주희를 편하게 느끼고 나쁘게 표현하면 만만하게 생각해서 부탁할 일이 있으면 찾고 즐길 일이 있을 때는 찾지 않는다고 하니 말이에요. 어려운 일이 있을 때는 쉽게 도움을 요청하면서 주희의 노력과 헌신을 고맙게 여기지 않으니 정말 속상하네요.

그런데 일이 이렇게 된 데에는 주희 탓도 있어요. 주희는 한마디로 '거절 못하는 병'에 걸려 있는 것 같아요. 이 병은 참 고치기 어려워요. 잘 낫지 않고 계속 조금씩 더 심해진다는 특성이 있거든요. 혹시 주희는 나에게 도움 받으려는 친구들로 주변이 북적거릴 때 뿌듯함을 느끼고 있지는 않나요? 그 아이들이 내가 거절 못하는 걸 알고 나를 찾는다는 걸 깨닫지 못한 채로 말이에요. 막상 주희가 외롭고 힘들 때, 머리가 아파서 약을 한 움큼 털어 넣을 때 주변에 아무도 없다는 걸 알고 우울하진 않았나요?

주희는 왜 거절을 못하게 됐을까요? 시간과 돈을 낭비하고, 고생은 고생대로 하고 고맙다는 소리도 못 듣는데 말이에요. 선생님이 보기에 그 이유는 '거절당할까 두려운 마음' 때문이에요. 주희는 친구들의 부탁을 거절하면 친구들이 나를 거절하는 상황이 올까봐 거절하지 못하는 거예요. 부탁을 들어주느라 힘들고 지치지만, 거절당하고 싶지 않다는 두려움이 더 큰 거지요.

누군가에게 이리저리 끌려다니는 건 사실 참 힘든 일이에요. 거절당할까봐 두려워하는 마음이 가슴 깊이 자리 잡은 상태에서 누군가가 하자는 대로 움직이는 건 더 괴로운 일이지요. 하지만 몸이 고되어도 마음이 아픈 것보다 낫다고 생각할 수 있어요. 이런 생각은 주희만 하는 게 아니랍니다. 수많은 사람들이 주희와 같은 생각을 하고 주희처럼 행동하곤 하지요. 그러다 보니 마음이 아픈 대신 몸이 아픈 증상을 겪게 되고요. 지금 주희 머리가 아픈 것처럼 말이에요. 그런데 사실은 몸과 마음이 다 아픈 상태란 걸 모르고 있지요.

자, 이제 선생님이 처방을 내려 볼게요. 주희는 친구 관계가 공부보다 더 힘들다고 했죠? 좀 잔인하게 들릴 수도 있는 이야기를 할까 해요. 친구 관계의 어려움은 공부할 힘까지 바닥내요. 아니, 살아가는 데 필요한 힘을 모두 바닥낼 수도 있어요. 그래서 주희는 이제 자신에게 더 중요한 것이 무엇인지 결정해야 해요.

선생님은 주희가 무엇이 중요한지 몰라서 지금 같은 상황이 벌어졌다고는 생각하지 않아요. 그리고 무조건 '친구들에게 휘둘리지 말고 주희의 주관대로 하세요!'라고 답을 정해 주고 싶지도 않고요. 단지 섬세하게 움직이는 양팔 저울 위에 주희의 가치를 올려놓고, 어느 쪽으로 기울어질지 가만히 들여다보라고 말해 주고 싶어요.

한쪽에는 '어쨌든 한순간이라도 내 주변에 친구들이 있는 거잖아. 그 애들이 나를 필요로 한다는 사실만으로도 충분히 만족해.' 하는 주희가 있어요. 또 다른 쪽에는 '이제 내가 하고 싶은 대로 살 거야. 남의 뜻대로 끌려다니면서 힘들어하긴 싫어.'라고 생각하는 주희가 있지요. 주희는 양팔 저울의 기울어지는 방향으로 따라가기만 하면 돼요. 그게 어느 쪽이든 '반대쪽을 선택할걸.' 하는 후회가 생길지도 몰라요.

그렇지만 반대쪽으로 선택하기 위해서는 양팔 저울의 중심점을 옮겨야 한다는 치명적인 조건이 존재한다는 사실을 잊지 마세요. 중심점을 자꾸 움직이다 보면 양팔 저울이 가진 가장 중요한 기능인 '무게를 측정하는' 본연의 역할이 고장 날 수 있다는 것도 명심하고요. 주희가 더 이상 혼란스럽지 않도록 단호한 결단을 내리고 그 결단을 실천하며 마음의 평화를 누릴 수 있게 되길 바랄게요.

✚ 마음 처방전

친구 관계의 어려움은 공부하거나 살아가는 데 필요한 힘을 모두 바닥낼 수 있어요. 그래서 나에게 더 중요한 것이 무엇인지 결정해야 해요. 친구의 부탁을 들어주며 힘들어할 것인지, 거절하기 힘들지만 거절하고 자기 생활을 찾을 것인지 말이에요.

믿을 만한 친구가 없어요

마음을 열지 못하고 늘 겉도는 서인이

▶▶ 서인이의 편지

모둠 활동할 때가 힘들어요

선생님, 전 사람을 안 믿어요. 부모님도, 친구도 마찬가지예요. 전 외동이라 형제는 없지만 있다고 해도 별로 다를 것 같지 않아요. 사람들은 다 자기 생각, 자기 욕심밖에 관심이 없는 것 같아요. 맘에 안 들면 원망하고 화내는 사람들뿐이에요. 그래서 혼자 지내는 게 편해요. 집에서도 방 안에 혼자 있는 게 좋고요. 학교에서도 말없이 지내곤 해요.

제가 이렇게 된 건 꽤 오래전부터예요. 초등학교 5학년 때부터였으니까요. 익숙해지긴 했지만 어떤 때는 좀 외롭기도 해요. 학년이 바뀌고 담임선생님과 면담할 때마다 마음을 열고 친구를 사귀어 보라는 조언을 듣기도 하고요. 사실 저도 친구가 필요 없다고 생각하는 건 아니에요. 애들끼리 웃고 떠드는 걸 보면 가끔은 부러운 생각이 들 때도 있지요. 하지만 사람들이랑 어울리는게 힘들어요. 그러다 보니 혼자 있게 되고요.

이런 생활이 반복되다 보니 모둠 활동할 때가 힘들어요. 학교에서 왜 자꾸 그런 걸 시키는지 모르겠어요. 시험은 각자 보면서 수행 평가 점수는 모둠 활동으로 줄 때가 많거든요. 함께 수행 평가를 준비해야 하니 연락도 주고받아야 하고, 만나야 하고, 의논해야 하고……. 저한테는 이런 것들이 정말 고역인데 말이에요.

그래서 한번은 수행 평가 모둠 활동을 할 때 거의 나가지 않은 적이 있었어요. 그랬더니 모임 애들이 과제 발표 PPT에서 제 이름을 뺐더라고요. 선생님도 상황을 눈치채셨는지 저한테 최저 점수를 주셨고요. 나중에 선생님이 저를 따로 불러 그런 식으로 행동하면 다음엔 아예 점수를 주지 않을 거라고 꾸중까지 하셨죠.

물론 제가 잘못한 건 아는데 그래도 그때는 너무 힘들고 싫어서 어쩔 수가 없었어요. 그 후부터는 연락이 오면 모둠 활동 모임에 나가기는 하는데 불편하고 싫은 건 여전해요. 빨리 중요한 이야기를 하고 헤어지면 좋겠는데 모이는 데 30분이 넘게 걸리고,

1시간은 기본으로 수다를 떠는 데다 중간에 저한테 말까지 시켜서 여간 곤란한 게 아니에요. 그리고 제가 못 어울려서 그런지 역할 분담할 때도 중요하지 않은 시시한 일을 주로 맡겼어요.

그러다 드디어 일이 터졌어요. 어차피 다들 늦게 올 것 같아서 저도 30분쯤 늦게 나갔거든요. 그런데 그날 따라 저만 늦은 거예요. 다들 싸늘하게 쳐다보더라고요. 그러더니 수진이가 짜증스러운 말투로 말했어요. "왕따가 감투냐? 왜 늦게 와서 피해를 줘?" 그러더니 일어나서 가버리는 거예요.

다른 애들이 쫓아가서 수진이를 붙잡고 달래고, 저는 또 멍하니 혼자 앉아 있었어요. 수진이가 겨우 다시 오긴 했지만 그날 분위기가 내내 안 좋았지요. 역할 분담할 때 애들이 저한테 또 쉬운 걸 줬어요. 그때 수진이가 말했어요. "누구는 좋겠다. 성격 나쁜 덕에 일은 적게 하고 점수는 비슷하게 받으니까." 순간 저도 폭발하고 말았어요. "난 점수 안 받아도 되니까 귀찮게 연락하지 말고 너희들끼리 알아서 해!"

전 그대로 집으로 와버렸어요. 휴대전화도 꺼버렸죠. 그러고 나서 과제 발표 날이 됐어요. 애들이 제 이름을 PPT에서 뺐어요. 저는 점수를 못 받았고, 나머지 애들도 감점을 꽤 받았어요. 졸업할 때까지 수행 평가 모둠 활동이 얼마나 더 있을지 모르겠지만, 정말 걱정이에요.

모둠 활동 경험은 사회 속에서 살아가는 데 꼭 필요해요

서인아, 안녕. 사람을 안 믿는다고 하면서도 (역시 사람인)선생님에게 고민을 이야기해 주니 정말 고마워요. 한편으로는 궁금했어요. 왜 서인이가 사람을 믿지 않는다는 이야기로 편지를 시작했는지요. '저는 이런 사람이에요.'라는 말을 하고 싶었던 걸까, '전 이만큼 힘들어요.'라고 말하고 싶었던 걸까, 선생님 혼자 어림짐작해 보았죠. 그러다 문득 서인이는 믿을 만한 사람을 찾는 중인지도 모르겠다는 생각이 들었어요.

서인이는 편지에서 사람들이 모두 자기 생각과 자기 욕심에만 관심이 있는 것 같다고, 마음에 안 들면 원망하고 화를 낸다고 했어요. 그 말이 선생님에게는 무척 아프게 들렸어요. 간접적으로 듣는 선생님도 이렇게 마음이 아픈데 직접 경험하고 이런 생각을 하게 된 서인이는 그동안 얼마나 아팠을까요?

사람은 일반적으로 자신이 겪은 대로 세상을 바라보게 돼요. 사랑을 받는 게 익숙하면 '세상은 사랑을 주는 곳이구나.' 구박을 받는 게 익숙하면 '세상은 구박을 주는 곳이구나.'라고 생각하게 되지요. 한두 번의 경험이 세상을 보는 시각에까지 영향을 주는 건 아니에요. 예를 들어 늘 사랑을 받던 사람이 한두 번 구박받으면 '이번엔 문제가 있어서 그런 거야. 난 기본적으로 세상이 사랑을 주는 곳이라고 믿어.'라고 생각할 거예요. 그렇지만 한두 번에 그치지 않고 지속적으로 구박을 받는다면 세상을 보는 시각에 변화가 생길 수 있어요. '세상이 사랑을 주는 곳인 줄 알았는데 그게 아니었어. 내가 미처 몰랐던 거였어.' 하며 생각이 바뀌게 되는 거예요. 이런 식의 생각 변화야말로 마음의 가장 큰 흉터 같아요.

수진이가 서인이에게 왕따라고 말했다고 했죠? 수진이가 정말 말이 심했어요. 선생님은 왕따라는 말을 별로 사용하고 싶지 않지만, 그걸 예로 들어서 설명할게요. 사실 왕따, 즉 따돌림은 평생 지속되는 게 아니에요. 초등학생 때 따돌림을 당했지만 중학생이 되면서부터 180도 달라진 삶을 사는 친구들도 있으니까요. 또 중학교 1학년 때는 친구를 사귀지 못해 자의 반 타의 반으로 따돌림을 당했지만, 2학년이 되면서 마음에 맞는 친구를 만나 우정을 쌓는 친구들도 많아요.

하지만 이런 따돌림을 경험하면서 얻은 마음의 상처가 시간이 가도 사라지지 않고 계속 남는 경우가 있어요. 이제는 더 이상 따돌림을 당하지 않지만 '세상은 나를 따돌리면서 상처 주는 곳이야.'라고 생각하는, 세상을 바라보는 시각에 흉터가 남는 거예요. 또 '나는 왜 따돌림을 당하는 걸까? 내가 문제인 걸까?' 하는 자신을 바라보는 시각에도 흉터가 남을 수 있지요. 이런 흉터는 쉽게 없어지지 않고 오래도록 남아 나를 힘들게 하곤 해요.

이야기가 좀 길었죠? 선생님이 서인이에게 묻고 싶은 건 이거예요. 서인이는 초등학교 5학년 때부터 사람을 믿지 않게 되고, 혼자 있는 게 편해졌다고 했어요. 그때 어떤 일이 있었나요? 어떤 계기로 아무도 믿을 수 없고, 다들 자기 생각만 하고 화내고 원망한다고 생각하게 되었나요?

잠깐, 혹시 서인이가 오해를 할까봐 다시 이야기할게요. 선생님은 서인이가 바라보는 세상을 틀렸다고 말하는 게 아니에요. 서인이가 잘못됐다고 질책하려는 것도 아니고요. 서인이가 느끼고 바라보는 세상은 틀리지 않았어요. 서인이가 그렇게 느꼈다면 그것이 진실이죠. 이를 두고 '심리적인 현실'이라고 이야기해요. 실제로는 아무런 질책을 당하지 않았지만 스스로 질책을 당했다고 느낀다면 심리적인 현실 속에서는 질책당한 게 맞고 그 때문에 속이 상하기도 해요. 선생님은 절대 서인이 생각을 틀리다고 하거나 질책하지 않을 거니까 마음을 열고 더 깊은 이야기를 들려주면 좋겠어요.

그 누구도 서인이 생각을 마음대로 바꿀 수는 없어요. 생각의 주인은 서인이 자신이니까요. 그렇지만 한번 생각해 봐요. 그 생각 가운데 계속 있는 게 좋을까요? 지금 서인이가 하는 생각 속에 계속 머물고 있는 게 정말 서인이를 위한 일일까요? 조금만 깊이 생각해 보면 좋겠어요. 서인이가 머물고 있는 생각 속에서 가장 힘들고 지치는 건 자기 자신이라는 걸 알게 될 테니 말이에요.

모둠 활동 일만 봐도 알 수 있잖아요. 모둠 활동은 학교에서 요구하는 이런저런 일 가운데 가장 귀찮은 일로 손꼽힐 거예요. 대체 학교에서는 학생들이 싫어하는 모둠 활동을 왜 자꾸 시키는 걸까요? 다소 뻔해 보이지만 교과서적인 정답을 말해 줄게요. 그건 바로 '모둠 활동 경험이 살아가는 데 필요하기 때문'이에요. 인간은 원하든 원하지 않든 다른 사람들과 어울려 지내야 하는 사회 속에 살고 있어요. 모둠 활동은 타인과 소통하고 문제를 해결하고 성취하는 방법을 배울 수 있도록 도와주지요. 물론 학교 모둠 활동을 통해 사회생활의 모든 인간관계 법칙을 배울 수 있는 건 아니에요.

하지만 모둠 활동을 하면서 공동의 성과를 이루어 가는 과정을 통해 사회성과 협동심을 기를 수 있고, 혼자서는 미처 생각하지 못했던 아이디어를 발견할 수 있지요.

그래서 교육적인 목적으로 모둠 활동이 더욱 강조되고 있는데 그게 서인이를 힘들게 하고 상처 입게 하니 참 안타까웠어요. 서인이가 연락이 잘 안 되고 모임에 나오지 않을 때 서인이를 이해하고 감싸 주는 사람이 한 명도 없었다는 사실이 아쉽기도 했고요. 서인이 마음을 알고 대변해줄 믿을 만한 사람이 한 명이라도 있었다면 좋았을 텐데 말이에요.

미국에서 진행된 사회 심리 연구 이야기를 하나 들려줄게요. 이 연구의 이름은 '하와이 카우아이 섬 종단 연구'예요. 하와이 카우아이 섬은 1950년대까지 황폐하기 그지없었어요. 대부분의 주민들이 가난과 질병으로 고생했고, 아이들은 비뚤어진 행동을 하고, 어른들은 범죄를 일삼고 알코올 중독에 빠져 있었지요. 이를 더 이상 두고 볼 수 없다고 판단한 미국 정신의학 팀이 이 섬에서 태어난 아이들을 연구했어요. 심한 학습 장애나 범죄 경험을 가진 아이들이 대상이었지요. 연구 주제는 '이 아이들이 어떤 어른이 되었을까?'였어요.

어린 시절 제대로 교육받지 못하고 범죄 경험을 가졌으니 100% 문제를 일으키는 어른이 되었을까요? 놀랍게도 연구 대상이었던 아이들의 3분의 1은 진취적이고 훌륭한 어른으로 성장했어요. 어떻게 보면 적은 수치이지만 0%와 비교하면 엄청난 비율의 아이들이 모범적인 어른으로 성장했다는 것에 많은 사람들이 크게 놀랐지요.

잘 자라난 사람들은 그렇지 않은 사람들과 어떤 차이가 있었을까 살펴보니 그 아이들에게는 자신의 처지를 이해해 주고 믿어 주며 언제나 자기편이 되어 주는 사람이 적어도 한 사람은 있었다고 해요. 어린 시절 비뚤어진 행동을 했지만, 나를 믿어 주는 누군가를 위해 삶을 바꾸어 나갔던 거지요.

지금 서인이에게 필요한 것도 믿을 만한 그 한 사람이라고 생각해요. 그 사람은 가족일 수도 있고, 친구일 수도 있고, 선배나 후배일 수도 있어요. '내 편은 아무도 없어.' 하는 생각이 든다고요? 그건 어디까지나 심리적 현실일 수도 있다는 걸 잊지 마세요. 단지 서인이가 눈을 감고 있기 때문에 안 보이는 걸 수도 있답니다.

만일 정말로 서인이 주변에 믿을 만한 사람이 아무도 없다면 (그럴 가능성은 사실 적어요), 서인이가 먼저 다가가 보는 것도 좋아요. 누군가에게 다가가는 걸 두려워 말고, 서인이의 도움이나 따뜻한 시선이 필요해 보이는 사람에게 가까이 가보세요. 서인이가 내 편을 꼭 만들 수 있길, 혹은 누군가의 편이 되어 주길 기원할게요.

✚ 마음 처방전

내 편이 아무도 없다는 생각이 든다면 그건 '심리적' 현실일 수도 있다는 걸 잊지 마세요. 만일 정말로 주변에 믿을 만한 사람이 아무도 없다면 내가 먼저 다가가 보는 것도 좋아요. 누군가에게 다가가는 걸 두려워 말고, 도움이나 따뜻한 시선이 필요해 보이는 사람에게 먼저 다가가 보세요.

친구고민 04

민아가 저한테 '관심종자'래요

관심 받고 싶어 과장되게 이야기한다는
지적에 상처 입은 유진이

▶▶ 유진이의 편지

제 행동이 '오버'하는 걸로 보이나 봐요

선생님! 저는 활발한 성격을 장려하는 분위기에서 자랐어요. 어렸을 때는 유치원 대신 체능단을 다녔죠. 체능단의 일과는 수영, 농구, 태권도, 축구 등 운동으로 채워져 있어요. 간간이 웅변이나 종이접기, 한글과 영어 공부도 했지만요. 부모님은 저의 내성적인 성격을 바꾸기 위해 체능단에 보내셨대요.

그 덕분인지 저는 아주 활발한 성격을 가지게 됐어요. 초등학교 때는 발표며 운동이며 두루 잘하고 친구도 잘 사귀면서 씩씩하게 지냈지요. 그런데 말이에요, 가끔 제 활달함이 주변 분위기와 안 맞을 때가 있어요. 신나고 즐거운 분위기를 만들어 보려고 한마디 했는데 오히려 썰렁해질 때가 있거든요.

또 친구를 위로하기 위해 석극적으로 도와주었는데 그게 그 친구를 더 우울하게 만들기도 하는 것 같아요. 조심하려고 하는데 마음대로 잘 안 될 때도 있고요. 이런 제 행동들이 때로는 '오버'하는 걸로 보이나 봐요.

그날도 그랬던 것 같아요. 민아랑 혜림이 사이가 너무 냉랭해 보여서 우스갯소리로 분위기를 바꾸려 했거든요. 초등학교 때 제 친구 사이가 엉켰던 이야기를 코믹 버전으로 만들어서 큰소리로 떠들어 댔죠. 듣다 보면 뭔가 느끼는 게 있어서 둘이 화해하지 않을까 하는 마음이었어요. 한참 이야기를 하다 보니 의욕이 앞서 슬쩍 말을 부풀리게 되더라고요.

그런데 갑자기 민아가 저를 복도로 불러냈어요. 그러더니 저한테 이러는 거예요. "너 '관심종자'라는 말이 뭔지 알아?" '관심종자'가 무슨 말인지 당연히 알지요. 사람들의 주목을 받으려고 과한 행동을 하는 사람을 가리키는 말이잖아요. 관심 받고 싶어 안달 난 사람 말이에요.

그리고 이렇게 덧붙이는 거예요. "너, '관심종자' 같아. 그러니까 '오버'하지 말고 좀 차분히 있어줘. 너 때문에 반 분위기가 더 안 좋아지는 거 안 보여? 안 그래도 머리 복잡한데 좀 조용히 있자.”

저 정말 억울해요. 제가 관심 가져 달라고 매달린 것도 아니고, 누군가가 잘못되라고 말한 것도 아닌데 왜 이런 소리를 들어야 하는지 모르겠어요. 아니 어떻게 ‘관심종자’라는 말을 할 수가 있죠? 제가 민아의 지적을 어떻게 받아들이고 행동해야 하는 걸까요?

 언제나 균형이 중요해요

유진이가 원래 내성적인 성격이었다니 의외군요. 사람의 성격은 타고나는 부분이 크지만, 후천적인 환경과 노력으로 달라질 수 있어요. 유진이의 활발함이 가끔 지나칠 때가 있어 고민이군요. 아니 지나쳤다기보다는 대처가 부적절했던 것 같아 보이네요.

분위기 띄우려다가 깨뜨리고, 위로하려다가 오히려 우울하게 만들고 말예요. 활발하고 밝은 모습은 좋은 태도이지만, 지나치게 밝은 모습이 가끔 어색함을 만들어내기도 하는데 유진이가 그런 상황이었나 봐요. 그러다 민아에게 한소리를 듣고 나니 많이 속상했겠어요.

유진이가 민아 말처럼 정말 ‘관심종자’인지 이야기하기 전에

짚고 넘어가야 할 게 있어요. 사람이 다른 사람에게 인정이나 관심을 받고 싶어 하는 건 아주 당연해요. 사람은 다른 사람의 관심과 사랑이 필요한 존재거든요. 갓난아기도 부모님이 자신을 바라보며 "까꿍" 하면 웃으면서 반응하죠. 부모님의 표정을 보면서 자신이 하는 행동이 잘하는 건지 못하는 건지 깨닫고 배워 나가기도 하고요.

유치원이나 초등학교 때 받던 칭찬 스티커도 관심 받고 사랑 받고 있다는 징표입니다. 열심히 숙제해 갔을 때 받는 상도, 노래를 잘 불러 받는 박수도 마찬가지지요. '칭찬은 고래도 춤추게 한다.'고 하잖아요. 그렇게 우리는 관심과 사랑을 통해 성장하고 만족을 느낀답니다.

그렇지만 언제나 균형이 중요한 법이죠. 관심과 사랑을 받으면서 더욱 의욕적인 행동을 보이는 건 좋지만, 다른 사람의 관심이 있어야만 행동한다거나 관심을 받을 목적으로 행동하면 곤란해요. 사람은 성장하면서 독립심과 자립심을 갖추게 되고, 타인이 아닌 스스로가 자기 자신에게 관심과 사랑을 기울이는 법을 깨우치게 돼요. 다른 사람의 눈을 의식하지 않고 자신이 가고자 하는 길을 묵묵히 걸어갈 수 있게 되지요.

예를 들어 세상을 떠난 뒤에야 인정받은 예술가처럼 말이에요. 다른 사람들이 인정해 주지 않아도 자기 자신의 인정을 바탕으로 포기하지 않고 예술 활동에 집중했잖아요. 물론 우리 모두가 고독한 예술가 같은 삶을 살 필요는 없어요. 하지만 내가 나 자신을 인정하고, 격려하는 것은 아주 중요한 일이랍니다. 그것이 세상을 살아가는 동안 스스로 기준을 잡고 자신의 가치관대로 헤쳐나갈 수 있는 원동력이 되기 때문이에요.

민아가 유진이에게 '관심종자'라고 이야기한 것은 다소 표현이 심했다고 생각돼요. 유진이가 그 말에 상처받지 않도록 스스로를 다독일 수 있었으면 좋겠어요. 물론 자신을 돌아보고 반성해 고쳐야 할 점이 있다면 고치는 게 좋겠지요. 하지만 유진이 성격 자체에 문제가 있는 건가 하는 생각에 의기소침해질 필요는 없답니다.

이제 요즘 흔하게 사용되는 '관심종자'라는 용어에 대해 자세히 이야기해 볼까요? 이런 유형은 '관심 받는 것 그 자체가 목적이 된 사람'이라고 할 수 있어요. 이 사람들은 누군가의 관심에 늘 굶주려 있어요. 그 이유는 자신감이 너무 없어서 스스로 자신에게 관심을 기울일 수 없기 때문이에요. 자기가 할 수 없으니까 다른 사람들의 관심을 자꾸만 더 갈구하게 되는 거죠.

유진이는 '관심종자' 같다는 민아의 지적을 어떻게 받아들이고 행동해야 할지 모르겠다고 했지요? 선생님은 민아의 말이 100% 진심이라고는 생각하지 않아요. 아무리 봐도 유진이가 관심 가져달라며 크게 매달린 것 같지 않거든요.

그런데 왜 민아가 그런 말을 했을까요? 그 이유는 민아가 자신과 혜림이의 관계가 부각되는 게 싫었기 때문인 것 같아요. 유진이의 말 때문에 민아와 혜림이가 주목받는 게 부담스러워서 속상한 말을 한 것일 수도 있지요. 그러니 심각하게 받아들이지 마세요.

어느 정도 마음이 가라앉으면 민아에게 조용히 이야기를 건네 보세요. 민아의 말 때문에 마음이 많이 상했고, 진지하게 고민해 봤지만 '관심종자'라는 말을 들을 만큼 과한 행동을 한 것 같지 않다고 말이에요. 상처받은 일을 마음속에 그대로 두면 덧나기 마련이에요. 유진이 마음속 상처가 아물 수 있도록 자신의 감정을 솔직하게 표현하고, 사과를 이끌어 내면 어떨까요?

여기에 하나 더 팁을 덧붙여서 민아가 발끈하는 반응을 보이는 걸 예방하는 방법을 일러 줄게요. 민아의 마음을 헤아려 주면서 이야기해 보세요. 아무리 해도 민아의 마음을 읽을 수 없다면 '민아야, 너도 나에게 그런 이야기를 할 때에는 뭔가 불편하고 힘든 부분이 있으니까 그랬을 거야. 이해해.' 같은 말을 한다면 도움이 될 거예요.

✚ 마음 처방전

다른 사람에게 관심과 사랑을 받으면서 의욕적인 행동을 보이는 건 좋지만, 다른 사람의 관심이 있어야만 행동한다거나 관심받을 목적으로 행동하면 곤란해요. 사람은 성장하면서 독립심과 자립심을 갖추게 되고 타인이 아닌 자신에게 관심과 사랑을 기울이는 법을 깨우치게 된답니다.

친구는 있어도 문제, 없어도 문제, 많아도 문제, 적어도 문제랍니다

인간관계는 어른 아이 할 것 없이 누구에게나 참 어려워요. 회사 일보다 인간관계가 더 힘들다고 말하는 직장인들이 많잖아요. 부부 사이가 힘든 것 역시 인간관계의 문제이고, 가족끼리 겪는 문제들도 궁극적으로는 인간관계의 문제랍니다. 어른들도 인간관계를 힘들어하는데 아이들은 오죽할까요. 자녀가 친구 문제로 인해 힘들어할 때 부모님이 어떻게 도와줄 수 있는지 알려 드릴게요.

이런 행동은 조심해 주세요

먼저, 이런 자세는 지양하셨으면 좋겠어요. 아이들이 힘든 점을 토로할 때, '그깟 친구!' 이런 반응은 안 돼요. 사람들은 다른 이의 고민을 사소하게 여기거나 쉽게 해결할 수 있다고 생각하는 경향이 있어요. 부모가 자식의 문제를 바라볼 때도 크게 다르지 않지요. 친구 문제로 고민할 시간에 공부에 집중하면 좋겠고, 공부를 잘하면 이런 문제들이 저절로 해결될 것 같다는 생각마저 들 때가 있을 거예요. 그리고 실제 아이들의 친구 문제는 어른이 보기에 조금은 가벼워 보이는 것도 사실이고요. 하지만 청소년기의 친구 문제는 어른들이 생각하는 것보다 훨씬 더 큰 문제일 수 있어요.

친구 관계로 고민하는 아이를 대할 때 기억해 두어야 할 사실이 있어요. 첫째는 청소년들에게 자신의 문제는 그 어떤 문제보다 크고 힘겹게 느껴진다는 거예요. 둘째는 청소년들은 자신에게 중요하고 심각한 문제를 대수롭지 않게 여기는(혹은 그렇게 여기는 것 같은) 사람에게 어떤 형태로든 반기를 들기 마련이라는 것이지요.

이런 특성을 간과한 채 아이들의 고민을 별것 아니라는 듯 대하거나 억압적인 태도를 보이면 반발할 수 있어요. 부모님에게 이해받지 못한다는 느낌을 받은 아이들은 인간관계의 중심을 부모나 가족으로부터 다른 누군가에게로 옮기기도 하거든요. 그러니 아이들의 친구 문제는 최대한 진지하게 접근해 주셨으면 좋겠습니다.

아이를 질책하는 말도 삼가 주세요. '네가 더 잘해 주지 그랬어?' '그런 친구를 애초에 왜 사귄 거니?' '왜 친구 사귀는 것 같이 쉬운 일도 잘 못하니?'라고 말하면 안 돼요. 힘들어하는 아이들이 안타깝고 답답하게 느껴지는 건 이해하지만, 인간관계라는 게 마음대로 되는 게 아니란 걸 잘 알고 계시잖아요. 수학 문제처럼 정답이 있는 것도 아니고요. 아이들이 아무리 어리다 해도 정답을 몰라서 헤매는 건 아니에요. 그러니 어른의 기준에서 정답을 내밀며 질책하기보다 아이의 마음을 먼저 헤아려 주셨으면 좋겠어요.

이렇게 해보면 어떨까요?

친한 친구와 사이가 틀어져 힘들어하는 아이는 자신이 비극의 주인공이라고 생각하는 경우가 많아요. 불이 꺼진 채 암흑으로 가득 찬 무대에 서 있는 기분이 들기도 하고요. 이때 부모님의 공감이 가장 필요합니다. 아이들은 이미 자기 잘못이 무엇인지 충분히 알고 있고, 지나친 자책으로 힘들어하는 경우가 많아요. 그러니 부모님이 완벽한 내 편이라는 걸 인지할 수 있게 표현해 주세요. 거창한 위로의 말도 문제를 해결할 근사한 해결책도 필요 없어요. '그래 정말 속상하겠다.'라는 진심이 담긴 공감의 말이면 충분합니다. 바로 그 말이 아이들의 마음을 달래줄 거예요.

친구에게 쉽게 휘둘리는 아이에게는 우선 현실을 보는 눈을 길러 주세요. 아이가 친구에게 휘둘리고 있다는 것을 일깨워 주세요. 그리고 자신이 친구에게 휘둘리는 걸 알면서도 어찌할 줄 모르는 아이에게는 그 이유를 함께 찾아봐 주세요. 친구에게 휘둘릴 수밖에 없는 아이의 걱정과 두려움이 뭔지 생각할 시간이 필요합니다.

또 아이가 무조건 주변을 탓하지 않도록 주의시켜 주세요. 손뼉도 마주쳐야 소리가 난다는 말 아시죠? 나와 주변 모두에게 문제가 있다는 걸 알고 그 원인을 찾아 재발하지 않도록 바꾸어 나가야지, 남의 탓만 한다면 언제든 다시 비슷한 상황에 휩싸이게될 거예요.

친구들과 잘 어울리지 못하는 성격의 아이라면 우선 가족과어울리는 시간을 늘려 주세요. 친구 사귀는 것도 일종의 기술이라서 연습이 필요해요. 그 연습을 가족과 함께해 보는 거예요. 가족과 다양한 활동을 함께하고 어울리면서 다른 사람들과 어울리는 예행연습을 해나가는 거죠.

만일 가족들과 지내는 시간만으로 충분하지 않다고 생각된다면 다른 형태의 공동체를 경험해볼 수 있게 도와주세요. 학교에서처럼 장시간 함께 있지 않고, 딱히 경쟁하지 않아도 되는 취미모임이나 신앙 활동이면 좋을 것 같네요. 아이들의 눈높이에 맞는 건전한 또래 경험이면 충분합니다.

Part 3

따돌림과 외로움

따돌림당하는 친구와
어울리게 됐어요

우연히 시작된 수진이와 서인이의 우정

▶▶ 수진이의 편지

학원에서의 관계를 학교까지 이어나가기 불편해요

서인이가 제가 다니는 수학 학원에 들어올지는 정말 몰랐어요. 같은 반이 될 줄은 더더욱 몰랐죠. 제가 다른 과목에 비해 수학을 좀 못하긴 하지만 그래도 서인이가 같은 반이 되다니 솔직히 좀 굴욕적이기도 했어요. 그런데 서인이는 저를 보더니 반가워하는 눈치더라고요. 전에 모둠 활동에서 안 좋은 일도 있었는데 말이에요. 모르는 척하기도 그렇고 학원에서 친하게 지내는 친구도 없고 해서 서인이랑 어울리기 시작했어요.

어울린다고 하지만 사실 별건 아니에요. 같이 저녁 먹는 정도 거든요. 학원을 일주일에 세 번 가는데 수업이 정말 **빡빡해서** 5시 에 시작해서 9시에 끝나요. 6시 30분부터 7시까지가 저녁 시간이 고요. 도시락을 싸서 다니는 애들도 있지만 서는 귀찮아서 그냥 사 먹어요. 수진이도 밥을 안 싸왔다고 해서 학원 근처에서 저녁 을 같이 먹기로 했지요. 그런데 저랑 수진이랑 식성이 비슷한 거 예요. 그때그때 먹고 싶은 것까지 비슷해서 놀랄 때도 있어요.

제 고민은요, 학원에서 같이 저녁 먹고 같은 반에서 공부하지 만 그 관계를 학교까지 이어나가기는 불편하다는 거예요. 서인 이가 학교에서 따돌림당하는 중이거든요. 따돌림당하는 애랑 어 울리면 저도 덩달아 따돌림당하게 될 것 같아서 좀 그래요. 서인 이랑 이야기하고 밥도 먹다 보니 좀 친해졌는데 학교에서 모른 척하려니 마음이 불편해요. 서인이는 모둠 활동을 할 때도 저랑 같이 하고 싶은 눈치인데 솔직히 부담스러워요.

학교에서의 서인이와 학원에서의 서인이는 다른 사람 같아요. 학교에서의 서인이는 누구와도 엮이고 싶어 하지 않고, 화도 잘 내고, 좀 우울한 분위기예요. 그런데 학원에서 밥 먹고 이야기할 때 그렇게 어둡지 않고 꽤 솔직하거든요. 심지어 재미있는 아이 라는 생각이 들기까지 해요.

학교에서 내내 모르는 척하다가 학원에서 만나 저녁을 같이 먹을 때면 어색하고 미안해져요. 서인이도 저한테 좀 서운한 눈치고요. 저희 둘 관계가 좀 이상하죠? 학교에서는 남남이고 학원에서는 밥 친구이니까요. 어제는 저녁으로 햄버거를 먹으려고 서인이와 함께 줄을 서 있었어요. 그런데 주희랑 유진이가 들어오는 거예요. 순간 너무 놀라 가슴이 철렁했어요. 다행히 저랑 서인이를 못 본 것 같았어요. 마침 유진이가 줄이 너무 길다며 배고파서 못 기다리겠다고 주희를 데리고 나갔지요.

제가 서인이와 일주일에 세 번씩 학원에서 만나 저녁 먹는 사이라는 걸 알면 학교 친구들이 뭐라고 할지 너무 걱정돼요. '넌 왜 그런 애랑 어울리냐?'고 한심해 하거나 '학원에서는 친하면서 학교에서는 모르는 척하는 건 뭐냐?' 라면서 이중인격이라고 몰아붙이지는 않을까요? 차라리 학원을 옮겨 버릴까 싶은 생각이 들기도 하는데 이 학원이 제 수준에 딱 맞아서 마음에 들어요. 선생님도 좋고요. 문제는 오직 서인이인데 슬쩍 물어보니 서인이도 이 학원이 마음에 들어서 다른 데 옮기고 싶은 생각이 없대요. 저 어쩌면 좋아요?

 정말 불편한 게 무엇인지 깨닫는 게 중요해요

수진이는 수학 실력 좀 올려 볼까 해서 찾은 수학 학원에서 의외의 변수를 만나고 말았네요. 음, 일단 서인이라는 음식 취향이 맞는 밥 친구가 생긴 걸 축하해요. 혼자 저녁을 먹는 건 좀 싫을 텐데 입맛이 비슷한 친구가 있다는 건 좋은 일이니까요. 공통된 관심사나 특징은 우정의 필수 요건 중 하나랍니다. 수진이와 서인이는 먹는 데 관심이 많은 데다 함께 저녁을 먹고 잠시 시간을 같이 보낼 수 있으니 친해질 요건이 딱 맞아떨어져 보이네요. 학교에서라면 서인이와 어울릴 생각을 전혀 하지 않았을 텐데 학원에서 새로운 스타일의 친구와 어울리며 그 친구의 새로운 면을 발견하게 되었으니 여기까지는 참 좋네요.

그런데 문제는 서인이가 학교에서 따돌림당하는 친구라는 데 있는 거죠? 따돌림당하는 아이와 어울리면 덩달아 따돌림당하게 될까봐 좀 그렇다는 수진이의 마음을 이해해요. 선생님께 상담을 받으러 온 아이들 중에 따돌림당하는 친구의 편이 되어 주다가 도리어 따돌림당하게 된 경우가 종종 있거든요. 수진이가 어떤 고민을 하는지 충분히 짐작이 가요.

수진이는 서인이가 학교와 학원에서 다른 사람처럼 보인다고 했어요. 그건 서인이가 이상한 게 아니라 얼마든지 가능한 일이에요. 사람은 자신의 역할에 충실하려는 경향이 있거든요. 그게 설령 따돌림받는 사람이건 인기가 많은 사람이건 간에 말이에요. 심리학을 전공하는 대학원생들을 대상으로 한 심리 실험에 대해 이야기해 줄게요. 한 팀은 죄수, 한 팀은 교도소 간수로 역할을 나누어 실험했지요. 조금 전까지 함께 공부한 사이였는데도 죄수 역할을 맡은 사람들은 위축되고 겁먹은 태도를 보였어요. 간수 역할을 맡은 사람들은 위협적이고 강압적인 태도를 보이고요. 자기도 모르게 주어진 역할에 집중했기 때문이었지요. 서인이 역시 그런 게 아닐까 싶어요. 서인이가 학교에서 자신이 따돌림을 받고 있다는 걸 모를 리 없으니 말이에요.

학교에서의 서인이는 화를 잘 내고 우울한 분위기라고 했죠? 설마 수진이는 서인이가 화를 잘 내고 우울한 분위기여서 따돌림당한다고 생각하는 건 아니겠죠? 서인이는 따돌림의 피해자라는 걸 잊어서는 안 돼요. 화를 잘 내고 우울한 분위기여서 따돌림을 받아야 하는 건 아니잖아요. 그리고 서인이가 원래 그런 성격은 아니었을지도 몰라요. 따돌림당하고 그 역할에 익숙해지다 보니 화를 내게 되고 어두워진 것일 수도 있거든요.

서인이가 학원에서 태도가 다른 건 자신이 따돌림당한다는 걸 아는 사람이 수진이밖에 없기 때문이에요. 수진이가 학원에서 서인이를 배척했다면 같은 태도를 유지했겠지만, 그렇지 않으니 자연스럽게 평소 모습들이 드러난 거죠. 솔직하고 재미있기까지 한 그런 모습 말이에요. 어쩌면 수진이가 서인이의 그런 모습을 이끌어낸 것인지도 몰라요.

그런데 학교에서는 모른 척하다가 학원에 와서만 친하게 지내려니 미안한 마음이 들죠? 그러면서도 지치는 마음이 드는 것도 사실이고요. 선생님도 그럴 것 같아요. 앞서 서로 공통된 관심사가 있어야 친구가 되기 쉽다고 했죠? 처음에는 '맛있는 저녁밥'이라는 공통된 관심사로 어울리기 시작했지만, 어느 시점부터는 수진이가 서인이 눈치를 보고 미안해하고, 토라진 마음을 달래 주려고 노력하는 게 보여요. 이런 관계가 힘들고 피곤한 건 당연해요. 만일 이렇게 만나면서도 계속 지치지 않고 이중적인 태도를 아무렇지 않게 취할 수 있다면 그거야말로 수진이에게 문제가 있는 걸 거예요.

이제 수진이 고민을 해결해 볼까요? 수진이가 가장 걱정하는 건 무엇인가요? 서인이와 모호한 친구 관계를 유지하는 상황 자체인가요? 서인이랑 친해진 것을 학교 친구들이 알게 되면 어떡할까 하는 두려움인가요? 여러 가지 상황이 얽혀 있어 잘 구분하기 어렵다면 수진이 스스로에게 가장 견디기 힘든 게 무엇인지 물어 보세요. "학교에서는 모르는 체하는 나 때문에 삐친 서인이를 달래 주는 게 피곤해?" "학교 애들이 나랑 서인이가 학원에서 친하다는 걸 알고 나까지 따돌릴까봐 걱정돼?" "이중적인 태도로 서인이를 대하는 나 자신이 싫어?" 이렇게 나와의 대화를 시작해 보는 거예요. 급하게 뱉어 내는 대답도 있고, 뜸들이고 나오는 말도 있을 거예요. 그 이야기들 모두에 귀를 기울여 보세요.

중간에 대답이 바뀌더라도 너무 놀라지 마세요. 목적지를 향해 날아가는 새는 한 방향으로만 계속 나아갈 수 없어요. 때에 따라 방향을 조정하면서 나아가야 제대로 목적지에 도달할 수 있지요.

수진이가 정말 힘들어하고 불편하게 생각하는 게 무엇인지 깨닫는 게 중요해요. 이걸 알아야 이후에 어떻게 행동할지 결정할 수 있거든요. 가장 견디기 힘든 일이 무엇인지 깨달은 뒤에 이 일을 해결하기 위해 노력하면 돼요.

삐친 서인이를 달래 주는 게 힘들다면 솔직하게 털어놓고 앞으로 어떻게 하면 좋을지 둘의 관계에 대해 직접 의논해 보세요. 학교 친구들이 수진이와 서인이의 관계를 알게 되는 게 두렵다면 마음이 좀 아프겠지만 서인이와 거리를 둘 수도 있어요. 이중적인 태도로 서인이를 대하는 자신의 모습이 싫다면 자신의 태도를 바꾸어야겠지요. 마음속에서 하는 말에 귀 기울이고 그에 따라 행동하는 건 앞으로의 삶에서도 방향을 잡아 주는 중요한 역할을 해줄 거예요.

✚ 마음 처방전

나와의 대화를 시작해 그 이야기에 귀 기울여 보는 건 어떨까요? 내가 정말 힘들어하고 불편하게 생각하는 게 무엇인지 정확히 깨닫는 게 중요해요. 그러고 나서 이 일을 해결하기 위해 내가 할 수 있는 것을 열심히 하면 된답니다.

겨우 사귄 친구를
빼앗길 것 같아 불안해요

수진이를 잃고 외톨이가 될까봐 두려운 서인이

▶▶ 서인이의 편지

수진이가 정말 학원을 옮기면 어쩌죠?

제 평생 처음으로 진짜 친구가 생기려나 보다 기대했어요. 모
둠 활동 같이할 때 크게 충돌한 적도 있었던 애예요. 학교에서는
좀 까칠하고 예민한 면도 있어 보이는데 학원에서 단둘이 만날
땐 생각보다 괜찮더라고요. 그 아이의 이름은 수진이에요. 우연
히 수학 학원에서 만나게 됐는데 같이 저녁을 먹기 시작하면서
친해졌지요.

제가 칼국수가 먹고 싶다고 하면 자기도 칼국수를 먹고 싶다

고 하고, 떡볶이나 어묵으로 간단히 먹고 싶다고 하면 자기도 그렇다고 했어요. 처음엔 입맛이 비슷한 게 신기하다고만 생각했는데 나중에는 제게 일부러 맞춰 주는 건 아닐까 하는 생각이 들어서 고맙고 감동했어요.

그런데 학교에서는 수진이가 저를 아는 척하지 않아요. 제가 따돌림당하는 중이니까 그런가 싶어서 이해가 되기도 하고, 제가 평소에 너무 까칠해서 그런가 싶기도 해요. 그렇지만 서운한 건 어쩔 수가 없어요.

수진이는 학교에서 정말 바빠요. 자기 할 일도 많아 보이는데 애들이 국어 문제를 풀다가 궁금한 게 있으면 수진이한테 물어봐서 더 바쁜 것 같아요. 수진이는 수학을 좀 못하지만 다른 과목은 다 잘해요. 특히 국어를 잘해요. 그래서 우리 반 '리틀 국어 선생님'이라고 불리죠.

수진이랑 친해지다 보니 일주일에 세 번 수학 학원 갈 때가 얼마나 좋은지 몰라요. 수진이랑 저녁 먹으며 쉬는 30분은 정말 최고예요. 수진이는 주로 제 이야기를 들어줘요. 잘 웃어 주고요. 그러다 가끔 자기 이야기도 하는데 학교에서 보는 까칠하고 예민한 이미지와는 달리 속마음은 여리고 착한 면이 있어요.

한번은 김치볶음밥을 먹고 나오는데 식당 앞에 구걸하는 할머니가 계셨어요. 그걸 보더니 거스름돈 받은 걸 그대로 다 드리더라고요. 4,000원 정도였는데 수진이가 그렇게 정이 많은 애인지 몰랐어요. 그런 애라면 제 마음도 이해해 주고 오래오래 친한 친구로 지낼 수 있을 것 같았죠.

그런데 얼마 전부터 수진이가 자꾸 학원을 옮겨야 할 것 같다고 말해서 걱정이에요. 진도가 너무 느린 것 같다면서 말이에요. 제가 보기에는 지금 진도도 빠르거든요. 수진이가 숙제를 다 해 오지 못하는 날이 일주일에 한 번은 있는데 진도가 느리다니 말이 안 되죠. 진도 불평을 하다가 또 어떤 날은 선생님이 마음에 안 든다고 해요. 예전에는 딱 자기 스타일이라고 해놓고 말이에요.

제 생각엔 이게 다 주희 때문인 것 같아요. 주희는 같은 반 아이인데 수학을 좀 잘해요. 주희가 얼마 전부터 자기가 다니는 수학 학원이 괜찮다고 홍보를 하더라고요. 소개비를 받는 것도 아닌데 왜 그렇게 홍보를 하고 다니는지 모르겠어요. 그 말에 수진이가 솔깃해서 다음 주에 한번 가보겠다고 하는 걸 들었어요.

수학 학원 덕분에 수진이랑 친해졌고, 이제 나한테도 친구가 생기나 보다 기대했는데 너무 걱정돼요. 수진이가 학원을 옮기면 저는 학교에서도 학원에서도 외톨이가 되는 거잖아요. 수진이가 정말 주희를 따라 학원을 옮기면 어쩌죠? 저도 따라서 학원을 옮겨야 할까요? 아니면 혼자 남아서 외톨이 신세가 되어야 할까요?

자신을 소중히 여기는 태도를 잃지 마세요

서인이에게 좋은 친구가 생긴 줄 알고 선생님도 기뻤는데 기운이 쭉 빠지네요. 학교에서는 까칠하고 예민하지만 학원에서 만나면 다른 모습을 보여 주는 수진이에게 서인이가 푹 빠진 것 같아요. '나한테 이렇게 잘해 주고 맞춰 주는 친구가 있다니 감동이야!'라고 생각했는지도 모르겠네요. 수학 학원 가는 게 즐겁다고 할 정도이니 서인이에게 수진이의 존재가 얼마나 큰지 가늠이 됐어요.

학교에서는 아는 체하지 않는 수진이 때문에 섭섭하죠? 섭섭한 와중에도 학교와 학원에서 다른 모습을 보이는 수진이를 이해하려고 노력하는 모습이 대견해 보여요. 잘 웃어 주고 이야기에 귀 기울여 주는 수진이의 모습을 보면서 친구는 필요 없던 서인이도 친구가 이런 거구나 생각하게 된 것 같고요.

지금 서인이는 수진이가 학원을 옮길 것 같아 불안한 거죠? 진도나 선생님 탓을 하지만 핑계 같은 느낌이 드나 보네요. 수진이는 왜 주희를 따라 학원을 옮길 생각을 하는 걸까요? 분명히 지금의 학원에 어떤 불만이 있어서 그런 걸 텐데 말이에요. 수진이 마음을 정확히 알 수가 없으니 서인이의 고민이 커졌네요. 만약 수진이가 학원을 옮기고 서인이로부터 거리를 둔다면 서인이는 어떻게 해야 할까요?

'말을 물가로 데려갈 수는 있지만 물을 마시게 할 수는 없다.' 라는 말이 있어요. 사람의 마음도 그래요. 만일 수진이가 서인이와 거리를 두기 위해 학원을 옮기는 거라면 서인이가 학원을 따라 옮긴다고 해도 친구의 마음을 얻을 수는 없어요. 오히려 상대방이 부담스러워할 수 있지요.

친구 관계란 게 그래요. 내가 진심으로 잘해 준다고 해서 친구가 나를 반드시 좋아하게 되는 건 아니에요. 내가 몇 번씩 실수를 한다고 해서 친구가 나를 싫어하게 되는 것도 아니지요. 이건 친구뿐 아니라 이성을 만나거나 대학이나 직장에서 사람들과 어울릴 때도 마찬가지예요. 어디에서 누구를 만나건 내 마음과 상대방의 마음이 같기는 어렵지요. 타인에게 내가 당신을 좋아하는 만큼 나를 좋아해 달라고 강요할 수도 없고 말이에요. 그래서 친구를 사귈 때는 그 상대에게 자유를 주어야 해요. 마음 편히 나를 바라보고 나에게 다가올 수 있도록 말이에요.

서인이에게 한 가지 물어볼게요. 서인이는 수진이에게 자유를 주었나요? 혹시 수진이를 불편하게 만든 점은 없었는지 궁금해요. 수진이와의 관계를 소중하게 여기고 계속 이어나가고 싶다면 수진이에게 조금 더 관심을 기울여 보면 어떨까요? 수진이가 어떤 때 행복해하는지 무엇을 재미있어하는지 관심사는 무엇인지 살펴보면 좋겠어요.

만일 그렇게 살펴보고 노력을 기울여도 수진이가 서인이에게

서 멀어지려고 한다면 어떻게 해야 할까요? 정말로 수학 학원이 문제가 아니라 서인이와의 관계가 부담스러워서 학원을 옮기려고 한다면요?

그때는 서인이가 더 시원스레 반응하는 게 좋아요. 대개 사람들은 강요받는다고 생각하면 마음을 닫기 마련이에요. 서인이가 지나치게 수진이에게 우정을 강요하면 수진이는 더 멀어지고 말거예요. 아쉽고 서운하지만 수진이를 보내 주어야 하는 거죠. 사람의 마음은 잡는다고 잡히는 게 아니거든요. "수진이 너 편한 대로 해. 학원 옮겨서 수학 점수 올리면 좋지." 이렇게 상대의 마음을 편하게 해주는 말을 건네면 수진이도 서인에 대한 좋은 기억과 고맙고도 미안한 마음을 가지게 될 거예요.

물론 선생님은 서인이와 수진이가 친해지는가 싶다가 그만 흐지부지 관계가 끝날지도 모른다는 것이 참 안타깝고 아쉬워요. 그렇지만 서인이가 수진이를 통해 친구의 소중함을 깨닫고 친구를 사귀는 방법을 배웠다면 결코 헛된 만남은 아니었다고 생각해요. 서인이는 그 시간을 통해 한 뼘 더 성장했을 테니까요. 그리고 수진이가 당장 내일 학원을 옮기는 건 아니잖아요? 함께 학원에 다니는 동안만이라도 두 사람이 좋은 시간을 보내고, 즐겁게 생활했으면 좋겠어요. 미리 앞서서 염려하지 말고요. 수진이를 향한 따뜻한 마음과 서인이 자신을 소중히 여기는 태도를 잃지 않으면 좋겠어요.

✚ 마음 처방전

내 마음과 상대방의 마음이 같기는 어려워요. 타인에게 내가 당신을 좋아하는 만큼 나를 좋아해 달라고 강요할 수도 없지요. 그래서 누군가와 우정을 나눌 때에는 상대에게 자유를 주어야 한답니다. 마음 편히 나를 바라보고 나에게 다가올 수 있도록 말이에요.

1등이 되니 친구들이
저를 싫어하는 것 같아요

성적이 오른 민아를 향한 싸늘한 시선

▶▶ 민아의 편지

반 아이들이 원망스러워요

선생님, 제가 '엄친딸' 혜림이 이야기했던 것 기억나시죠? 제가 혜림이를 이길 수 있는 건 거의 없어요. 얼굴? 아마 성형 수술을 해도 혜림이보다 예뻐지진 않을 거예요. 집안? 이미 태어났는데 어쩌겠어요. 제가 혜림이를 이길 수 있는 건 공부뿐이에요. 그래서 전 독하게 마음먹었어요. 하루에 4시간만 자고 공부하는 걸로요. 물론 매일 계획대로 실천한 건 아니지만, 그래도 최선을 다해 노력했어요.

그랬더니 지난 중간고사에서 제가 전교 1등을 한 거예요! 늘 우리 반 1등이던 혜림이보다 좋은 성적이었지요. 기분이 얼마나 좋았는지 몰라요. 담임선생님도 입에 침이 마르도록 칭찬하셨죠. 선생님이 우리 학교에 오신 지 올해로 3년째인데 담임을 맡은 반에서 전교 1등이 나온 건 처음이라고 감격하셨어요. 저도 혜림이를 이겼다는 생각에 기분이 정말 좋았고요.

그런데 제가 전교 1등을 하고 나자 반 아이들의 태도가 좀 달라졌어요. 전에는 항상 혜림이보다 저에게 잘해줬거든요. '2인자의 설움' 같은 것 있잖아요. 그걸 아는지 저를 많이 챙겨 주고 응원해 줬어요.

그런데 이상하게 이제 저를 향한 눈길이 싸늘해진 것 같아요. 혜림이를 버리더니 이제는 밟고 일어섰다고 수군대더라고요. 저랑 혜림이 사이에 어떤 일이 있었는지도 모르면서 말이에요.

혜림이는 가진 게 너무 많잖아요. 걔는 1등이 아니라도 아무 문제가 안 된단 말이에요. 그렇게 예쁘고 집안도 좋은 애가 1등까지 하면 다른 사람은 무슨 재미로 학교에 다니겠어요? 그러니까 제가 혜림이를 이기고 전교 1등을 한 건 다른 친구들의 사기를 올리는 데도 좋은 일이었다고 생각했어요. 그리고 제가 거저 전교 1등을 한 것도 아니잖아요. 잠을 줄이고 놀지도 않고 공부해서 성적을 올린 건데 왜 이런 시선을 받아야 하는 걸까요?

너무 억울해요. 반 아이들이 원망스러워요. 2등일 때는 동정해 주고 잘해 주다가 정작 1등이 되니 보기가 싫은가 봐요. 저를 깎아내려야 속이 시원한 걸까요? 특히 수진이가 한 말이 잊히지 않아요. 제가 성격이 못돼서, 독해서 전교 1등을 한 거라나요? 게다가 출처를 알 수 없는 소문도 돌아서 힘들어요. 제가 혜림이의 공부 노하우를 따라 해서 1등을 했다는 거예요.

왜 저는 하나만 가져도 욕을 먹고 혜림이는 하나만 잃어도 불쌍하다는 평가를 받는 걸까요? 전교 1등을 한 게 이렇게 애들 눈치를 볼 일인가요? 부러우면 자기들도 노력해서 성적을 올리면 되지 고생해서 성과를 이룬 사람을 비난하고 깎아내리는 건 대체 무슨 심보일까요?

정말 반 친구들 대하기가 겁이 날 정도예요. 앞에서는 웃고 있지만 뒤에서는 무슨 말을 할지, 지금은 잘해 주지만 언제 돌변할지 몰라서요. 선생님, 이럴 때에는 어떻게 해야 할까요?

 친구들의 비난은 부러움의 표현이에요

민아가 전교 1등을 했군요. 축하해요! 그 좋아하는 잠을 줄이고 열심히 공부한 보람이 있네요. 부족한 부분을 메우려고 열심히 노력하고 결국 최고의 결과를 얻었어요. 정말 자랑스러워요.

그런데……. 여기서 우리 인생에 버티고 있는 '그런데'를 만나게 되네요. 좋은 일 뒤에 숨어 있는 '그런데'를 말이에요.

민아는 담임선생님의 칭찬에 감동하고, 늘 1등일 것 같던 혜림이를 이기고 올라설 때 짜릿함도 느꼈을 거예요. 그런데 반 아이들의 반응이 석연치 않으니 속상했죠? 친구들의 태도에 정말 서운했을 것 같아요. 혜림이 뒤에 있을 때는 응원해 주다가 태도를 바꾸었으니 말이에요. 최선을 다해 노력한 민아의 수고를 몰라주고 싸늘해진 친구들 때문에 마음이 많이 상했을 거예요.

어쩌면 담임선생님의 큰 칭찬이 친구들의 태도 변화에 영향을 미쳤을 것 같기도 하네요. 친구들이 민아와 혜림이의 관계까지 들먹이며 민아를 깎아내리니 마음이 더 아팠겠어요. 민아의 속상한 마음이 충분히 이해가 돼요. 내 옆에서 응원해 주던 친구들이 순식간에 사라지고, 날카로운 시선을 보내고 근거 없는 소문까지 지어내는 건 너무 힘든 일이니까요.

선생님은 민아가 중요한 사실 하나를 기억했으면 좋겠어요. 뻔한 이야기처럼 들리겠지만, 세월이 아무리 지나도 변치 않을 진리를 말이에요. 그건 바로 '진심은 통한다.'라는 거예요. 물론 진심이 순식간에 뚝딱 하고 통하게 되는 건 아니에요. 상당히 오랜 시간이 흐른 뒤에야 진심을 알아보는 경우도 있어요. 그래서 진심이 통한다는 말은 진심은 '언젠가는 결국' 통한다는 뜻이라고 생각할 수 있답니다.

민아의 진심은 무엇인가요? 다른 말로 민아는 어떤 사람인가요? 민아는 언제나 민아예요. 2등이었을 때나 독하게 마음먹고 공부해서 전교 1등이 됐을 때나 혜림이와 친할 때나 멀어졌을 때나 아이들의 응원을 받을 때나 근거 없는 비난에 시달릴 때나 같은 사람이지요.

반 친구들의 달라진 시선에 속상하고 억울한 마음이 들 수 있겠지만, 그 말들이 민아를 규정하는 정답은 아니랍니다. 진짜 나의 모습을 알고 있는 건 민아 자신밖에 없지요. 그러니 민아 스스로 중심을 지키고 나의 본성을 지켜 나가야 해요. 다른 사람의 말에 흔들리지 말고요.

그럼에도 아이들이 민아에게 건네는 시선이나 말은 견디기 힘든 게 사실이에요. 친구들은 대체 왜 그러는 걸까요? 선생님이 보기에 민아를 향해 험담하는 아이들의 심리는 일종의 '합리화rationalization'예요. 합리화는 마음의 방어 기제예요. 자기가 인식하지 못한 동기에서 나온 행동을 그럴듯하게 보이도록 이치에 맞는 이유를 내세우려는 마음의 움직임이지요.

이때 행동 속에 숨어 있는 실제 원인은 의식에서 용납할 수 없는 경우가 많아요. 그래서 자기를 보호하고 최소한의 체면 유지를 위해 무의식적인 노력을 하게 되지요. 마치 여우가 따먹지 못한 포도를 바라보면서 '저렇게 시어 빠진 포도는 먹지 않을 거야.'라고 생각하는 것과 같아요.

민아를 향해 이런저런 비난의 시선과 말을 던지는 아이들은 합리화 때문에 그런 행동을 하는 것 같아요. 민아가 좋은 성적을 받고 칭찬받는 게 부럽기도 하고, 샘나기도 해서 말이에요. '나는 아무리 노력해도 안 되는데 민아는 어떻게 한 거지?' 하는 생각이 들기도 했을 거예요. 열심히 노력해서 성공한 민아를 향한 부러움을 인정하기보다 민아가 나쁘다고 생각하는 게 속 편하기 때문에 험담하게 된 것일 수도 있어요.

아이들의 비난은 민아가 밉거나 나빠서가 아니라 자신에 대한 좌절감과 부러움의 표현일 수 있다는 걸 말해 주고 싶어요. 이렇게 생각하면 친구들이 조금은 짠하게 느껴지지 않나요?

다른 이야기를 해볼까요? 민아는 자신이 하나만 가져도 비난을 받는다고 했어요. 그런데 사실은 그게 아니에요. 민아가 오른 전교 1등의 자리 자체가 비난받을 가능성이 큰 자리랍니다. 크게 주목받는 자리이다 보니 다른 사람들의 비난을 받기가 쉬운 거지요. 그러니 아이들이 나를 어떻게 보고 평가하는지 상관없이 민아의 의지대로 상황을 헤쳐 나갔으면 좋겠어요.

지금은 친구들이 민아를 비난하고 험담해도 시간이 지나면 달라질 거예요. 민아가 정말 열심히 노력해서 전교 1등을 했고, 아주 힘겹게 그 자리를 지키려 하는 평범한 사람이라는 걸 알게 될 거예요. 머지않아 선생님의 이런 말을 이해할 날이 올 거예요. 그러니 그때까지 마음을 무너뜨리지 않고 잘 견뎌 보기로 해요. 다시 한 번 전교 1등 한 걸 축하해요.

✚ 마음 처방전

나는 언제나 나예요. 반 친구들의 달라진 시선에 속상하고 억울한 마음이 들 수 있겠지만, 그 말들이 나를 규정하는 정답은 아니랍니다. 진짜 나의 모습을 알고 있는 건 나 자신밖에 없지요. 그러니 스스로 중심을 지키고 내 본성을 지켜 나가야 해요. 다른 사람의 말에 흔들리지 말고요.

친구를 따돌린 적 있다는 유진이가 무서워요

따돌림당한 경험이 있는 주희와
따돌림을 주도한 경험이 있는 유진이

▶▶ 주희의 편지

유진이가 저를 미워하게 되면 어떡하죠?

선생님, 우리 반에 혜림이와 민아라는 아이가 있어요. 둘은 원래 '절친'이었는데 어느 날 민아가 혜림이를 멀리하기 시작했지요. 혜림이를 투명 인간처럼 대하는 민아를 보니 불쑥 옛날 생각이 떠올랐어요.

이건 비밀인데 초등학교 때 저도 따돌림당한 적이 있거든요. 제가 따돌림당한 건 욕 때문이었어요. 저는 어려서부터 욕이나 비속어를 쓰면 안 된다고 배웠어요. 물론 다들 배우겠지만, 부모님은 유난히 더 그 점을 강조하셨지요. 그래서 친구들끼리 험한 말을 하는 게 영 익숙해지지 않았어요. 그렇다 보니 같은 반 애들이 서로 이 XX, 저 X, 하고 부르고 욕을 주고받는 게 듣기가 싫더라고요.

그래서 욕을 자주 쓰는 아이에게 한마디 했죠. "왜 같은 반 친구한테 욕을 하고 그래?"라고 했더니 그 애가 저를 괴롭히기 시작했어요. 성격이 좀 사납고 남한테 싫은 소리 듣는 걸 못 참는 애였는데 제가 그걸 미처 몰랐던 거예요. 그 애는 저보고 재수 없다면서 다른 애들한테도 저랑 놀지 말라고 했어요. 그때부터 저는 따돌림당하게 됐어요. 그 애는 교실뿐 아니라 운동장이나 길거리에서도 저를 보면 착한 척하고 재수 없게 군다며 폭언을 퍼부었어요.

이 문제를 해결해 보려고 정말 많이 노력했어요. 부모님과 오빠와 의논하고, 따돌림을 주도했던 애들에게 사과하고 먹을 것도 사줘 봤어요. 하지만 문제는 더 커지기만 했어요. 먹을 걸 사줄 땐 맛있게 먹어 놓고, 뒤에서는 먹는 걸로 친구 마음을 사려는 치사한 애라고 욕을 했거든요. 도저히 안 되어서 그 애들이 많이 쓰는 욕을 몇 마디 따라 하면서 친해지려고 했더니 욕할 줄 알면서 내숭 떨었다고 또 난리였어요. 저는 괴로웠어요. 그래서 결국엔 전학을 가게 됐죠. 다행히도 전학을 가서는 친구들과 잘 지낼 수 있었지만, 그때의 기억은 아직도 남아 있어요.

머칠 전에 유진이랑 같이 청소하면서 이런저런 이야기를 했어요. 우연히 따돌림 이야기가 나왔지요. 그런데 유진이가 의외의 말을 하더라고요. 초등학교 때 따돌림을 주도해본 적이 있다는 거예요. 유진이는 활달하고 싹싹한 데다 친구가 많은 편이니 유진이가 따돌림을 주도했다면 당하는 애는 꼼짝할 수 없었을 거예요.

유진이가 절대 나쁜 애는 아니거든요. 그런데 따돌림을 주도했다니 정말 이해가 되질 않았어요. 왜 친구를 따돌렸냐고 물어봤더니 정확히 이유는 모르겠다고 했어요. 그냥 그 아이가 미웠대요. 그리고 딱 한 번 그런 것뿐이니 이상하게 생각하지 말라고, 자기가 잘못했다는 걸 알고 있다고 말했어요. 말로는 알았다고 했지만 유진이를 볼 때마다 자꾸 그 말이 떠올라요. 유진이가 두렵게 느껴지기도 해요. 혹시 유진이가 저를 미워하게 되어서 따돌림을 주도하면 어떡하죠? 제가 괜한 걱정을 하는 걸까요?

 쉽지는 않겠지만 트라우마에 직면해 보세요

주희가 따돌림당한 경험이 있었군요. 힘든 기억이었을 텐데 선생님한테 고민을 털어놓아 주어 고마워요. 따돌림당한 상처가 있는 사람들은 자칫 자신에게 문제가 있다고 생각하기 쉬워요.

나에게 문제가 있어 따돌림을 당했다면서요. 그래서 그 경험을 털어놓지 못하고 속으로만 끌어안고 있는 경향이 있지요. '나는 따돌림을 당한 적이 있다 → 나는 따돌림을 당할 만한 문제를 가지고 있다 → 나는 또 따돌림을 당할지도 모른다.'라는 생각의 굴레에 빠지기도 해요.

그런데 이건 어디까지나 틀린 생각이예요. 따돌림당한 사람은 누가 뭐래도 피해자거든요. 따돌림에는 정당한 이유가 없어요. 예뻐서, 못생겨서, 공부를 잘해서, 착한 척을 해서 등 그 어떤 이유도 가해자의 핑계에 불과하지요.

정신적으로 지극히 건강한 사람이라도 따돌림이라는 극한 상황에 몰리면 심리적으로 위축되기 마련이에요. 따돌림을 당하고 있다는 걸 인지한 그 순간부터 심리적 압박과 고통을 느끼게 되지요.

주희가 초등학교 때 경험한 그 일도 결코 주희 탓이 아니에요. 주희는 옳은 행동을 했어요. 하지만 본의 아니게 한 아이로부터 미움을 사게 됐죠. 그 아이가 주희를 따돌리기 위해 분위기를 주도하는 와중에도 주희는 최선을 다해 노력했어요. 관계를 좋게 바꾸어 보고자 먹을 것을 사주고, 그 아이들이 쓰는 말투를 따라 해 보았죠.

그 모습들은 따돌림당하기 전이라면 친구끼리 친해지기 위해 할 수 있는 보편적인 행동이었을 거예요. 친구들끼리는 가끔 먹을 걸 사주기도 하고, 같이 어울리며 자기들만의 언어 코드를 유지하니까요.

그런 점에서 선생님은 주희를 칭찬해 주고 싶어요. 따돌림당하는 현실을 벗어나기 위해 노력할 줄 아는 강인한 친구라고 생각되거든요. 결국엔 전학을 선택할 수밖에 없었다고 해도 주희는 할 수 있는 최선을 다했기에 굴복한 게 아니라고 생각해요. 그리고 지금 주희는 새롭게 친구들을 사귀었고, 좋은 친구 관계를 유지하면서 잘 지내고 있잖아요.

그런데 우연히 유진이의 과거와 마주치며 그때의 악몽이 되살아난 것 같네요. 유진이가 따돌림을 주도한 적이 있었다는 게 주희에겐 큰 충격이었을 것 같아요. 그 와중에도 유진이가 그렇게 나쁜 아이는 아니라고 두둔하는 주희를 보면서 선생님은 뿌듯한 생각이 들었어요. 주희가 그렇게 말할 수 있다는 건 과거의 따돌림 경험이 준 두려움에서 많이 벗어났다고 보이거든요.

그러면서도 주희의 말 속에 부정적인 생각이 담겨 있다는 걸 깨달았어요. 나쁜 애가 아닌데 따돌림을 주도했다니 이해가 안 간다는 건 나쁜 애만 따돌림을 주도한다는 이야기랑 같잖아요. 따돌림을 주도했다고 해서 모두 나쁜 사람이라고 볼 수는 없는데 말이에요.

선생님한테 상담을 받으러 오는 사람 중에는 따돌림 가해자들도 종종 있어요. 많은 사람들이 따돌림 피해자만 치료를 받는다고 생각하는데 가해자들도 심리적인 아픔을 겪는 경우가 많답니다. 따돌림은 피해자나 가해자 모두 정신적으로 큰 피해를 입는 행동이랍니다. 선생님이 따돌림 가해자를 두둔하는 건 아니에요. 따돌림은 분명히 잘못된 행동이에요. 하지만 무조건 나쁜 사람이라면서 딱 선을 그어 놓는 것도 좋은 생각은 아니라고 말해 주고 싶었어요.

선생님은 주희가 유진이와 엮이는 것을 두려워하지 않았으면 좋겠어요. 유진이는 주희 말대로 나쁜 아이는 아닌 것 같으니까요. 그리고 어떻게 보면 이번에야말로 따돌림으로 인한 주희의 상처를 정리하는 기회가 될 수 있을 것 같아요.

만일 부모님과 함께 택시를 타고 가다가 교통사고를 당한 친구가 있다고 상상해 보세요. 다행히도 가족들 모두 목숨을 건졌지만 "끼익, 쾅!" 하는 소리를 듣고, 경찰차와 구급차가 몰려오고, 수술을 받고, 입원하고, 학교에 나가지 못하는 경험을 했던 친구가 있다고 말이에요. 이 친구가 몸이 다 나은 뒤에도 택시를 타지 못한다면 충분히 그럴 만하다 싶은 생각이 들겠죠? 그 정도로 큰 충격을 받았구나 유추해볼 수 있을 거예요.

그 친구가 100% 완벽하게 회복이 되는 순간은 아무렇지 않게 택시를 탈 수 있게 되는 때일 거예요. 그렇게 되기 위해서 그 친구는 무섭고 힘들어도 택시를 타는 연습을 시작해야 하지요. 평생 택시를 안 타고 살아도 상관없다면 굳이 노력할 필요도 없겠지만, 그게 아니라면 100% 회복을 위해 노력해야 해요.

느닷없이 교통사고 이야기를 하니 좀 이상한가요? 선생님은 트라우마를 극복하기 위해서는 안전장치를 해놓은 상태에서 트라우마를 다시 직면해야 한다고 말하고 싶었어요. 트라우마는 사고 등으로 인한 외상이나 정신적인 충격을 말하죠. 심한 트라우마를 겪은 사람은 '외상 후 스트레스 장애'라는 병을 앓기 쉬워요. 이 병이 생기면 그 당시와 비슷한 상황을 만날 때마다 불안하고 무섭죠.

아프고 두려우니 피하고 싶지만, 회복을 위해서는 상처를 직면해야만 해요. 택시 사고가 났던 친구라면 부모님과 함께 택시 타는 걸 시도하는 게 트라우마를 직면하는 일일 거예요.

주희의 경우에는 따돌림을 주도했던 유진이를 멀리하기보다 친구로 대하는 시도를 하는 게 트라우마에 직면하는 방법이에요. 게다가 유진이는 과거 자신의 행동을 반성하고 있잖아요. 그다지 떳떳하지 못한 과거를 솔직하게 말하고 잘못을 반성할 줄 아는 유진이와 주희가 의미 있는 친구 관계를 형성할 수 있을 거란 기대감이 들어요.

유진이를 무섭다고 생각하거나 피하지 말고, 새로운 우정을 쌓아 보면 좋겠어요. 초등학교 때 따돌림당하며 힘들었지만 극복해낸 것처럼 이번에도 잘할 수 있을 거라고 믿어요. 선생님이 주희를 응원할게요.

✚ 마음 처방전

심한 트라우마를 겪은 사람은 '외상 후 스트레스 장애'를 앓기 쉬워요. 트라우마가 생기면 그 당시 받았던 충격과 비슷한 상황을 만날 때마다 불안하고 무섭다고 해요. 아프고 두려우니 피하고 싶은 마음이 크지만 내 마음을 원래대로 회복하기 위해서는 용기를 내어 상처와 직면해야 한답니다.

▼

따돌림으로 인한 상처는
오래도록 아물지 않아요

청소년들이 따돌림 때문에 힘들어하는 모습을 볼 때 어떻게 반응하시나요? '다투면서 크는 거지. 금방 화해하겠지, 뭐.' 이렇게 대수롭지 않게 생각하고 있진 않으신가요? 청소년에게 따돌림은 어른들이 생각하는 것보다 더 심각하고 괴로운 일이에요. 이 문제는 어른이 되어서 사회생활을 할 때도 영향을 미치지요. 따돌림 피해자나 가해자 모두 정신적으로 피해를 입고, 타인에게 배제당한 경험과 배제한 경험이 트라우마로 남기 때문이에요. 그래서 이런 문제가 일어났을 때 어른들이 적극적으로 도와서 심리적인 안정을 찾게 해주는 것이 중요해요.

이런 행동은 조심해 주세요

내 자녀가 따돌림을 당한다고 생각하면 어떠신가요? 속상하고 안타깝고 화가 나실 거예요. 내 자녀가 뭐가 모자라서 이런 일을 당해야 하나, 따돌림을 주도한 아이를 찾아가 당장에라도 꾸중하고 싶은 생각이 들기도 하실 거고요. 그러다 속상한 마음에 자녀를 질책할지도 몰라요. 하지만 그런 질책이 자녀를 더욱 위축되게 만든다는 걸 기억해 주세요.

청소년들의 따돌림 문제는 어른이 개입하기 어려운 것이 사실이에요. 특히 여학생들의 경우 이것이 실제 따돌림인지, 잠시 시간이 흐르면 해결될 문제인지 지켜봐야 하는 경우가 많아 더욱 어렵지요. 그리고 따돌림 문제는 어른들 모르게 은밀하게 이루어지곤 해 교사들도 눈치채기가 어렵다고 해요.

따돌림을 당하거나 친구 관계가 좋지 않은 아이는 집에서도 예민하고 모나게 행동하는 경우가 많아요. 이때 부모님의 말 한마디가 자녀에게 큰 상처를 줄 수 있다는 점을 유의해 주세요. "밖에서는 아무 말도 못 하면서 왜 집에서만 신경질이니?" 이런 말들은 설사 사실이라고 해도 자녀에게 깊은 상처를 줘요. 부모님이 그냥 하는 소리가 아니라는 걸 본인도 잘 알고 있기 때문이에요.

한번 뒤집어서 생각해 보세요. 밖에서 아무 말도 못 하는 아이가 집에서 자신의 감정을 표출했다는 건 정말 걱정해 주어야 할 문제예요. 참기가 힘드니까 표현하는 것이거든요. 정도가 지나치지 않는 선에서는 참고 기다려 주세요. 감정을 꼭꼭 숨기는 것보다 이렇게라도 표현하는 게 정신적으로 더 유익하답니다. 하지만 정도가 지나치거나 폭력적인 행동을 보일 때는 분명하게 선을 긋고 자제시켜 주셔야 해요.

이렇게 해보면 어떨까요?

따돌림당하는 자녀가 자신이 처한 상황과 감정을 이야기하는 건 아주 어려운 일이에요. 그러니 자녀가 따돌림으로 인한 고통을 호소할 땐 진지하게 경청해 주세요. 답답하고 안타까워 아이의 말을 끊거나 친구한테 네가 먼저 다가가는 시도를 해보라는 등의 뻔한 조언을 하는 건 도움이 되지 않는답니다. 처음에는 그저 묵묵히 자녀의 말을 잘 들어주세요. 부모님께 모든 걸 털어놓는 게 생각보다 큰 용기가 필요한 일이라는 걸 아셔야 합니다.

자녀들은 자신이 이런 일을 겪고 있다는 걸 알면 부모님이 실망하실 거라고 생각하곤 합니다. 걱정을 끼쳐 드리고 싶지 않아 숨기려고 하지요. 친구 하나 제대로 사귀지 못한다는 질책을 받지는 않을까 두려워하기도 해요.

자녀가 따돌림당하는 것 같은 징후가 느껴질 때는 우선 자녀에게 믿음을 보여 주세요. 어떤 일이 있어도 부모인 나는 자녀인 너의 편이라는 확신을 주어야 해요. 부모님이 내 편이라고 생각되면 자녀들은 마음을 열어 이야기를 시작할 거예요.

자녀의 마음을 먼저 어루만진 뒤 담임선생님과 상담을 통해 대안을 찾거나 자녀의 생활환경을 바꾸어 주는 등 현실적인 대처 방법을 찾아보세요.

청소년들은 자기들만의 작은 사회에 속해 있어요. 그 사회는 그리 만만한 곳이 아니지요. 그 안에서 힘들어하고 비틀거리는 건 앞으로 나아갈 큰 사회에서 씩씩하게 잘 살아나가기 위한 예행연습입니다. 그러니 다소 힘들어하고 비틀거리더라도 지켜봐 주세요.

어린 아이가 걸음마를 배우던 때처럼 넘어진다고 계속 일으켜 세워 주기보다는 스스로 일어나 다시 걸음을 떼는 방법을 터득할 때까지 기다려 주세요. 물론 심각하게 넘어진 상황, 가령 지나친 폭력을 당한다거나 했을 때는 적극적으로 도와주어야겠지요. 하지만 스스로 일어날 수 있는 경우라면 여유를 갖고 격려하면서 기다려 주는 것도 중요하답니다.

Part 4

공감과 위로

실수로 친구의 약점을 건드려
상처 주고 말았어요

수학 못하는 수진이를 놀렸다가 곤란해진 주희

▶▶ 주희의 편지
수진이도 저한테 잘못한 게 많다고 생각해요

선생님, 전 수진이가 좀 어려워요. 수진이는 까다롭고 예민한 성격인 데다 신경질도 많아서 어떨 때에는 정이 뚝 떨어질 정도예요. 그런데도 수진이랑 금세 다시 가까워지는 걸 보면 저도 제가 신기해요.

사실 거리를 좀 두려고 시도해 본 적도 있어요. 한 달에 한 번 짝을 바꾸던 날, 다행히 앞뒤로 앉던 수진이와 멀리 떨어져 앉게 된 거예요. 전 1분단 두 번째 줄로, 수진이는 3분단 끝줄로 갔지요. 그래서 전 수진이 말고 다른 친구들과 어울릴 수 있었어요.

그런데 문제는 수진이네 집과 우리 집이 무척 가깝다는 거예요. 제가 수진이네 집을 지나서 학교에 가거든요. 그러면 꼭 수진이를 만나서 같이 가게 되었지요. 결국 수진이를 피하는 건 포기하기로 했어요. 게다가 수진이는 제가 피한다는 사실조차 눈치채지 못한 것 같아요. 자꾸 잘해 주니까 수진이는 제가 만만한가봐요.

얼마 전부터는 학교 끝나고 같이 독서실에 다니기로 했어요. 제가 약속 시간에 조금 늦었는데 그거 가지고 난리를 피우는 거예요. 너 때문에 귀한 시간 다 잡아먹었다, 트레이닝복 입고 나올 거면서 왜 늦었냐, 너희 집에서 더 가까운 독서실에 가자고 한 것도 마음에 안 들었는데 왜 기다리게 하냐고 짜증을 부리더라고요.

제가 좀 늑장 부리는 편인 데다 물건을 자꾸 빠뜨려서 확인을 여러 번 하느라 늦은 거라서 미안하다고 했어요. 그런데 생각해 보니 좀 화가 나더라고요. 미안하다고 하는데 그렇게까지 심하게 짜증을 낼 거 있나 싶은 거예요. 그리고 독서실도 혼자 다니면 될 걸 자기가 같이 가자고 해놓고, 너무 저를 몰아붙인다는 생각이 들었죠.

그러다 며칠 전에 결국 저도 신경질을 내고 말았어요. 그날도 늦었다고 수진이에게 한소리 듣고 독서실에서 공부하고 있었어요. 다음 날 수학 시험이 있는데 수진이가 자꾸 제 자리로 와서 물어보는 거예요. 수진이가 수학을 잘 못하거든요. 솔직히 독서실 같이 다녀도 쉴 때나 밖에서 이야기하지 그 안에서 떠들지는 않잖아요. 처음에는 친절하게 가르쳐 줬는데 제가 집중하려고만 하면 찾아와서 짜증이 나더라고요. 그래서 한마디 하고 말았어요. "이것도 몰라?" 그랬더니 수진이가 바로 반응을 하더라고요. "됐어. 이제 안 물어볼게!"

남들이 다 들을 정도로 큰소리로 말하더니 책을 "탁" 소리 나게 덮고 "쿵쿵쿵" 자기 자리로 돌아갔어요. 좀 미안한 생각이 들었지만 어쩔 수 없었어요. 저도 공부해야 하니까요. 그래서 집중해 공부하고, 저녁 시간이 되어서 수진이한테 저녁을 먹자고 했어요. 그런데 자기는 벌써 밥을 먹었다고 하는 거예요. 항상 같이 저녁을 먹었는데 말이에요. 이런 식으로 삐친 티를 내다니 정말 치사하다고 생각했어요.

그런데 그게 끝이 아니었어요. 수진이는 그날 이후로 저한테 계속 냉랭하게 굴어요. 쳐다보는 눈빛도 싸늘하고 인사를 해도 제대로 받아 주지 않아요. 그러면서 독서실은 계속 다니는 거예요. 차라리 안 보이면 마음이 편하겠는데 와서 불편하게 구니 괴로워요.

제가 약점을 건드린 건 잘못이라고 생각해요. 하지만 수진이도 저한테 잘못한 게 많잖아요. 저는 그 많은 신경질을 다 받아

줬는데 그거 한 번 넘어가 주면 안 되나요? 정말 너무하는 것 같아요. 선생님은 어떻게 생각하세요?

 ## 약점을 건드린 걸 인정하고 먼저 사과하는
용기를 내보세요

주희가 수진이와 있었던 일 때문에 마음이 많이 불편하겠어요. 주희는 마음이 여린 편인 것 같은데 까칠하고 예민한 수진이와 함께 지내려니 버거워 보이기도 하네요. 선생님은 일단 주희의 착한 마음을 칭찬해 주고 싶어요. 수진이 같은 친구한테 맞춰 준다는 게 어려운 일일 텐데 배척하지 않았다는 건 주희가 그만큼 둥글둥글한 성격을 가졌다는 거예요. 주희처럼 모나지 않고 둥근 성격을 가지는 게 쉬운 일은 아니랍니다.

선생님은 주희의 편지를 읽으면서 사람의 습관이 참 무서운 거구나 하는 생각이 들었어요. 주희는 자신의 행동이 좀 느리다는 걸 알고 있다고 했어요. 그런데도 잘 고쳐지지 않아 수진이를 기다리게 했고, 그런 이유 때문에 수진이의 신경질을 받아 줘야 했어요.

주희가 자신의 단점을 알고 있는 것처럼 수진이도 자신이 까칠하고 예민하다는 걸 알고 있을 거예요. 어쩌면 수진이는 화를 내려고 작정한 건 아니지만, 자잘하게 짜증을 부리는 습관이 자신도 모르게 나타나는 건 아닐까요?

한 번 몸에 깃든 습관은 고치기 어려워요. 본인이 나쁜 습관이라는 걸 인지하고 있다 해도 행동을 바꾸는 게 쉽지 않지요. 주희는 수진이를 화나게 하려고 일부러 늦게 준비한 게 아니잖아요. 까칠하게 구는 수진이의 성격을 알지만 마음대로 몸이 따라 주지 않아 어쩔 수 없었겠지요. 수진이도 주희에게 신경질을 내는 게 잘못이라는 걸 알면서도 제어하지 못하고 있는지도 몰라요. 이렇게 생각하니 조금은 마음이 풀어지나요?

주희는 수진이의 약점을 건드린 걸 후회하고 있지요? 선생님이 보기에도 조금 심했던 게 아닌가 싶어요. 수진이가 자존심이 많이 상했을 거예요. 하지만 엎질러진 물을 주워 담아 보려고 노력한 부분에 대해서는 칭찬해 줄게요.

수진이가 가시 돋친 반응을 할 걸 예상하면서도 같이 저녁 먹자고 말하고, 인사를 건네고 화해하려고 시도한 건 정말 잘한 행동이에요. 아쉽게도 주희의 노력이 수진이한테 통하지는 않았지만요. 그래도 주희가 친구의 마음을 풀어 보려고 노력한 점은 인정해 주고 싶어요.

주희는 이제 수진이에게 어떻게 하면 좋을까요? 화가 난 수진이의 마음을 풀어줄 방법을 알려 주기 전에 먼저 주희에게 묻고 싶은 게 있어요. 주희에게 수진이는 어떤 친구인가요? 주희는 수진이에게 어떤 우정을 기대하고 있나요?

이 질문은 아주 중요해요. 모든 인간관계 안에서 적어도 한 번은 확인해 봐야 하는 사항이죠. 부모 자식이나 부부, 형제 사이에도 이 질문을 해볼 수 있어요. 서로에게 어떤 의미가 있는지 어떤 관계가 되길 바라는지 알면 더욱 깊고 친밀한 관계를 맺을 수 있거든요.

이 질문은 사이가 좋을 때보다 사이가 틀어졌을 때, 혹은 오해가 쌓였을 때 진지하게 던져 보는 게 좋아요. 어려운 상황에서 보다 정확하게 판단할 수 있는 게 사람 사이의 관계거든요. 상대편이 대답해 주지 않더라도 나만큼은 질문의 정답을 찾아봐야 한답니다. 이 질문의 정답은 앞으로 어떻게 행동할 것인지 방향을 제시해 주기 때문이에요.

만약 주희가 수진이를 '포기하고 싶지 않은 친구'라고 생각한다면 수진이가 차갑게 대해도 그 마음이 녹을 때까지 기다릴 수 있어야 해요. 자존심이 먼저라거나 친구 사이에도 '밀당'이 필요하다거나 하는 말은 관계를 소중하게 생각하지 않는 사람들이 하는 말이니까 귀담아듣지 마세요. 주희가 스스로에게 한 대답대로 움직이면 돼요.

반대로 주희에게 수진이가 '있어도 그만, 없어도 그만인 존재'라면 스트레스를 받아가면서까지 수진이의 신경질을 받아 주고 마음을 풀어 주려 노력할 필요가 없지요.

주희에게 수진이가 어떤 의미인지 선생님은 말해줄 수 없어요. 그 답을 알고 있는 건 오직 주희뿐이지요. 답을 찾는 게 어렵다고 느껴진다면 수진이와 있었던 일 가운데 가장 행복하고 좋았던 기억을 더듬어 보세요. 주희도 모르는 사이 기억 속에 저장된 사진 한 장 같은 장면을 찾다 보면 수진이가 어떤 친구이고 어떤 의미인지 유추할 수 있을 거예요.

참, 수진이 같은 성격의 친구를 대할 때 도움이 될 만한 팁을 알려 줄게요. 까칠하고 예민한 친구들에게는 정공법이 필요해요. 상대방이 서운했을 부분에 대해 콕 집어 진심으로 사과하는 게 좋지요. 주희가 수진이와의 관계를 어떻게 이어나갈지는 아직 모르겠지만, 약점을 건드린 부분은 사과하면 어떨까요?

주희의 잘못을 분명하게 표현하되 시간을 두고 수진이를 지켜보세요. 같은 독서실에 다니고 있으니 마음을 담은 편지를 남기는 것도 방법일 수 있겠어요.

"수진아, 내가 수학 시험 전날 정신이 없어서 말을 심하게 한 것 같아. 미안해. 진심이 아니라는 걸 꼭 말하고 싶었어." 이렇게 간단하지만 명료하게 마음을 전달해 보는 거죠. 선생님은 그 편지를 보고 수진이의 마음이 풀리기 시작할 거라고 생각해요.

✚ 마음 처방전

서로가 서로에게 어떤 의미가 있는지 어떤 관계가 되길 바라는지 알면 더욱 깊고 친밀한 관계를 맺을 수 있어요. 어려운 상황에서 보다 정확하게 판단할 수 있는 게 사람 사이의 관계거든요. 그리고 까칠하고 예민한 친구들에게는 상대방이 서운한 부분에 대해 콕 집어 진심을 담아 사과하는 게 좋답니다.

친구 험담을 하다가
들키고 말았어요

유진이 험담을 하다 들킨 혜림이

▶▶ 혜림이의 편지

제가 그렇게 나쁜 행동을 한 걸까요?

선생님, 전 어떻게든 민아와 다시 친해지고 싶었어요. 그런데 제게 기회가 왔어요. 민아가 전교 1등을 한 뒤 애들이 민아에게 차갑게 굴기 시작하더라고요. 기회다 싶어서 다시 민아에게 다가갔어요. 정말 축하한다고 진심을 담아 말했지요. 민아는 처음 엔 시큰둥하더니 차츰 다시 마음을 여는 것 같았어요. 선생님이 칭찬을 너무 많이 하셔서 부담된다고, 반 아이들이 자기를 질투 하는 것 같아 힘들다고도 했지요. 또 다음에는 전교 1등을 하지 못할까봐 걱정된다고도 고백했어요. 늘 야무지고 똑똑하던 민아가 이렇게 말하니 마음이 아팠어요. 진심으로 위로해 주고 싶었고, 이를 계기로 우정을 회복하고 싶었어요.

전 민아가 잘되는 게 정말 좋아요. 샘이 나거나 질투가 나지 않아요. 민아가 전교 1등을 한 게 제 일처럼 기뻤다면 이해가 되세요? 정말 자랑스러웠어요. 그렇게 우리 둘은 다시 사이가 좋아지기 시작했어요. 민아가 우리 집에 놀러 오기도 했고요. 같이 공연도 보러 갔어요. 저는 정말 행복했어요. 민아만 있으면 다른 친구를 사귀지 않아도 된다는 생각까지 들었지요.

그렇게 두 달쯤 지났을 무렵이에요. 민아가 저한테 유진이에 대해 물었어요. 둘이 많이 친해진 것 같다고요. 전 유진이가 재미있긴 하지만 엉뚱해서 별로이고, 뚱뚱해서 좀 웃겨 보이는 외모인 것 같다고 대답했어요. 재혁이를 같이 만난 이야기며, 재혁이가 유진이한테 관심을 보여 속상했던 이야기도 다 했지요.

그랬더니 민아가 더 자세히 이야기해 달라고 하더라고요. 그래서 이야기해 줬어요. 둘이서 만나게 서로에게 연락처를 알려 줬고, 그 둘은 그야말로 잘 만났다고요. 물론 그다음에 제가 재혁이에게 엄청 예쁜 아이를 소개해 줬다는 것까지요. 전 재혁이와 유진이가 사귀는 게 정말 싫었어요. 그게 솔직한 마음이었고, 민아에게 비밀을 만들고 싶지 않아 사실대로 말했지요. 그런데 민아가 좀 놀라는 눈치더라고요. 민아가 제 마음을 이해하지 못하는 것 같아 살짝 서운했어요.

다음 날 학교에 갔더니 유진이가 엄청 화를 내며 이야기를 좀 하자는 거예요. 민아에게 다 들었다면서 말이에요. 기가 막혀서 말이 안 나왔어요. 민아가 다시 제 '절친'이 되었다고 생각했는데 그게 아니었나 봐요. 민아가 유진이에게 제가 한 말을 그대로 옮기리라곤 꿈에도 생각 못했는데…….

유진이는 재혁이랑 통화했다고 말했어요. 둘이 다시 만날 거래요. 그리고 저한테 정말 실망했다고 말했어요. 설상가상으로 민아도 다시 싸늘해졌어요. 저같이 남 잘되는 걸 방해하는 애는 싫다는 거예요.

제가 그렇게 나쁜 행동을 한 걸까요? 유진이나 민아 말을 들으면 그런 것 같기도 해요. 하지만 누구나 저처럼 생각하지 않을까요? 멋진 이성 친구가 내 친구에게 관심을 보이면 당연히 싫은 거 아닌가요? 민아도 정말 너무해요. 어떻게 제 말을 그대로 전할 수가 있죠? 정말 어이가 없고 당황스러워요.

 조급하게 생각하지 말고 기다려 보세요

선생님은 지난번 편지를 받았을 때보다 혜림이가 성장한 것 같은 느낌이 드는데 스스로는 어떤 것 같아요? 전교 1등을 한 민아에게 진심으로 축하의 말을 건네고, 민아가 잘되는 걸 봐도 샘나지 않는다고 했을 때 그런 느낌을 받았거든요. '혜림이가 많이 자랐구나, 마음이 자랐구나.' 하고 말이에요. 그런데 이어지는 이야기를 읽으면서 혜림이가 많이 속상했을 것 같아 안타까워요.

혜림이는 민아가 힘든 시기에 용기를 내어 다가갔어요. 다시 우정을 회복했다고 생각했을 거예요. 다른 친구는 다 필요 없다고 느낄 만큼 즐거운 시간을 보냈을 거고요. 그랬는데 갑자기 유진이 이야기가 나오면서 모든 게 틀어져 버리고 말았네요.

혜림이가 유진이를 재미있긴 하지만 엉뚱해서 별로이고, 뚱뚱해서 좀 웃겨 보이는 외모인 것 같다고 생각하고 있는지는 몰랐어요. 아니, 어쩌면 정말 그렇게까지 생각한 건 아닌데 유진이보다 민아가 좋다는 걸 강조하고 싶어서 과장해서 이야기한 건 아닌가요? 그러다 보니 재혁이 이야기까지 나오고 말았고요.

이미 걷잡을 수 없게 쏟아져 버린 이야기들과 그 때문에 혜림이가 치르고 있는 대가들을 생각하면 한숨이 절로 나와요. 하지만 선생님은 뻔하고 소모적인 책망을 하지 않겠어요. 혜림이는 이미 스스로 충분히 자책하고 있을 거라고 생각하거든요.

혜림이는 지금 큰 충격에 빠져 있을 거예요. 옆에는 아무도 남아 있지 않은 것처럼 보일 거고요. 실망했다고 대놓고 말하는 유진이, 다시 싸늘해진 민아, 당장은 아니지만 유진이에게 모든 이야기를 전해 듣고 멀어질 것 같은 재혁이까지.

혜림이가 민아를 믿고 좋아해서 속마음을 털어놓은 것 자체는 틀린 행동이 아니에요. 하지만 그 속마음이 다른 사람에 대한 험담이었다는 게 마음에 걸려요. 재혁이와 유진이 사이를 방해한 행동이었다는 것도요. 혜림이도 그 부분은 알고 있죠? 다른 사람을 험담하고 방해하는 일이 옳은 행동은 아니라는 것을요.

민아와 이야기를 나누고 있던 순간의 혜림이는 판단력을 잃어 버린 상태였던 모양이에요. 민아에게 모든 걸 말하고 싶었고, 그런 행동을 통해 '우리는 절친이야.'라는 걸 표현하고 싶었을 테니까요. 혜림이의 간절한 마음 때문에 저지르게 된 실수라는 걸 잘 알면서도 선생님은 계속 아쉬운 마음이 들어요.

혜림이를 비난하려는 건 아니에요. 혜림이는 민아가 떠난 뒤 많이 외로웠고, 다시 민아와 친해져서 좋았고, 다시 놓치지 않기 위해 안간힘을 쓰던 상태라는 걸 알고 있으니까요. 재혁이가 유진이한테 관심을 보였을 때 질투했던 것도 이해가 되고요. 이 모든 과정에서 혜림이는 그저 '자기 자신에게 충실'하려고 했을 뿐이라는 것도 잘 알겠어요.

자기 자신을 가장 중요하게 여기는 건 인간의 본능이랍니다. 그렇지만 모든 사람이 혜림이를 이해해 주는 건 아닐 거예요. 이 문제를 해결하기 위해서 누구의 마음을 먼저 풀어 주어야 할까요? 선생님은 혜림이가 유진이에게 먼저 사과해야 한다고 생각해요. 유진이의 성격이며 외모를 비웃고, 재혁이와의 사이까지 방해했으니 얼마나 상처받고 또 화가 났겠어요.

어떻게 사과해야 좋을지 모르겠다고요? 아주 솔직하게 하면 돼요. 재혁이가 유진이에게 관심을 보인 것이 질투가 났고 그러다 보니 말을 심하게 하게 된 것 같다고 사과하는 거예요. 완벽하게만 보였던 혜림이가 질투에 사로잡혀 그런 행동을 했다고 고백하면 유진이의 마음도 조금은 풀어지지 않을까요?

재혁이에게도 사과해야 해요. 호감 있던 사람에 대한 관심을 억지로 다른 데로 돌렸으니까요. 어느 정도 유진이에게 이야기를 들었을지도 모르지만, 당사자가 직접 자초지종을 설명하고 오해가 쌓이지 않도록 해명하세요. 오랜 친구인 만큼 혜림이의 실수를 이해해 주기를 기대하면서 말이죠.

그리고 민아에게는 사과를 받았으면 좋겠어요. 혜림이가 험담을 한 건 잘못이지만, 그 말을 그대로 전한 민아도 잘못이 있다고 생각하거든요. 혜림이가 민아를 얼마나 믿고 의지했는지, 그런 민아가 말을 옮겨 얼마나 당황하고 슬펐는지 마음을 전해 보세요. 설령 민아가 그 자리에서 사과하지 않아도 괜찮아요. 목표는 나의 감정을 표현하는 것이지 사과를 받아 내는 것이 아니거든요. 그리고 민아도 분명히 느끼는 바가 있을 거예요.

혜림이가 진솔하게 마음을 털어놓는다 해도 친구들이 쉽게 사과를 받아들이지 않을 수도 있어요. 그렇다고 해도 너무 실망하지 마세요. 다들 언젠가 혜림이의 마음을 이해하게 될 거예요. 본

인들도 비슷한 상황을 겪게 될지도 모르지요. 그러니 조급하게
생각하지 말고 기다려 보세요. 그리고 혜림이도 이번 일을 교훈
삼아 앞으로 지혜로운 친구 관계, 더 정확히 이야기하면 지혜로
운 언어생활을 꾸려 갈 수 있으면 좋겠어요.

✚ 마음 처방전

친구에게 사과할 일이 있을 때에는 내 마음을 솔직하게 표현하는
게 좋아요. 하지만 진솔하게 마음을 털어놓는다 해도 친구가 쉽게
사과를 받아들이지 않을 수도 있어요. 그렇다고 해도 너무 실망하
지 마세요. 친구도 언젠가 내 마음을 이해하게 될 거예요.

남자 친구와 헤어졌어요

친구들의 위로가 진심 같지 않아 속상한 민아

▶▶ 민아의 편지

남을 배려하지 않아서 이렇게 된 걸까요?

선생님, 저 남자 친구와 헤어졌어요. 남자 친구는 수학 경시 대회를 준비하면서 알게 됐어요. 수학을 아주 잘하고 유머 감각도 있어서 호감이 갔지요. 키가 크고 마른 편인데 외모도 멋졌어요. 대회를 준비하면서 같이 있는 시간이 많아지다 보니 정이 들었고 자연스럽게 사귀게 됐어요.

그런데 제가 요즘 공부 스트레스가 심해서 좀 신경질을 냈어요. 자주 만나지도 못했고요. 솔직히 저는 공부와 연애 두 가지를 동시에 잘하는 스타일은 아니거든요. 공부하고 있으면 남자 친구 만날 정신이 없고, 남자 친구 만나면 공부할 생각을 잘 못해요.

그런데 그 애는 자꾸 만나자고 하고, 만나면 스킨십을 하려고 했어요. 손잡는 거 정도야 저도 좋은데 그 이상은 부담스럽더라고요. 그래서 처음에 사귈 때부터 손잡는 거 이상의 스킨십은 안된다고 약속을 했는데 남자 친구가 그 약속을 자꾸 어겼지요.

얼마 전에 기말고사 준비를 한창 하고 있는데 남자 친구가 갑자기 찾아왔어요. 독서실에서 공부하다가 집에 가는 길이었는데 집 근처에서 툭 튀어나와서 심장마비에 걸리는 줄 알았어요. 놀란 마음이 진정되지도 않았는데 보고 싶어 왔다면서 벼락같이 입을 맞추는 거예요.

신경이 잔뜩 곤두서서 버럭 화를 냈어요. 이런 거 하지 말자고 처음부터 이야기했는데 왜 내 말을 무시하냐고요. 나를 좋아하는 게 맞기는 하냐고 따졌죠. 그랬더니 남자 친구가 시무룩해지는 거예요. 제가 좀 심하게 화를 낸 건 사실이에요. 시험 때문에 예민할 때이고 스킨십 문제라서 감정 조절이 안 됐어요. 남자 친구에게서 다음 날 미안하다는 메시지가 왔어요. 전 화가 안 풀리기도 했고 신경 쓰기도 싫어서 답장하지 않았어요.

그렇게 시간이 흘러서 기말고사가 끝났어요. 그리고 일주일쯤 지났을까 제가 남자 친구에게 연락했어요. 그런데 이번엔 걔가

답이 없는 거예요. 이틀 뒤에 답장이 왔는데 헤어지자고 하는 거 있죠. 자기를 이렇게까지 무시하는 사람과 더 이상 사귈 수 없다고요. 저는 무시한 게 아니라고 설명했어요. 그런데도 소용이 없었어요. 그러더니 얼마 전에 SNS 프로필 사진을 바꾸더라고요. 어떤 여자애랑 다정하게 찍은 사진이었어요. 세상에, 그 사이에 새 여자 친구를 만나다니, 말이 되나요? 기가 막혀요. 원래 양다리였던 건 아닌가 하는 생각까지 들었어요.

너무 속상해서 짝인 주희에게 사정을 이야기했어요. 그런데 주희는 별로 귀담아듣지 않더라고요. 요즘 복잡한 일이 많아서 머리가 아프다고, 미안하지만 상담을 못해 주겠다고요. 제가 뭐 대단한 걸 바란 것도 아니고, 그냥 이야기 들어주고 같이 험담이나 해줬으면 했던 건데 딱 잘라 거절하니 서운했어요. 그래서 알았다고 두통약이나 잘 챙겨 먹으라고 빈정대고 말았죠. 그랬더니 수진이가 아픈 사람한테 말을 그렇게 하냐고 톡 쏘았어요. 외톨이 신세였죠. 그렇다고 혜림이한테 이야기할 수도 없고……. 제가 얼마 전에 혜림이가 유진이 험담한 걸 유진이에게 그대로 말해 버렸거든요. 그 일로 혜림이가 아주 곤란해졌고요.

남자 친구와 헤어졌는데 위로해 주는 사람은 없고, 저만 이상한 애가 된 것 같은 기분이에요. 정말로 제가 너무 이기적이고 남을 배려하지 않아서 이렇게 된 걸까 하는 생각마저 들어요.

나 자신의 위로가 마음을 더 따뜻하게 해요

민아도 남자 친구가 있었어요? 공부하느라 정신없는 줄 알았는데 '남자 사람 친구'가 '남자 친구'로 바뀌는 경험을 해보았네요. 요즘 청소년들 사이에서 이성 교제는 자연스러운 현상이죠. 정신적으로 내 편이 생긴다는 안정감과 친밀감 형성, 목표를 향한 동기 부여를 제시한다는 점에서 선생님은 이성 교제를 긍정적으로 생각해요. 하지만 이성 교제로 인해 공부를 소홀히 하게 되기 쉽고, 들끓는 청춘 호르몬으로 인한 지나친 신체 접촉 등 우려스러운 점도 있는 게 사실이지요.

민아도 이런 것 때문에 고민이 있었던 것 같아요. 공부와 연애를 동시에 할 수 없는 성향인 데다 남자 친구의 신체 접촉도 부담스러웠고요. 그러다 결국 헤어지고 남자 친구가 다른 여자 친구를 사귀는 것까지 알게 되고 말았네요. 그 모든 과정이 얼마나 혼란스러웠을까 싶어요. 공부는 공부대로 하면서 그런 일들을 겪으려니 더욱 힘들었을 거예요. 그 힘든 마음을 친구들에게 위로받고 싶었는데 친구들은 시큰둥한 반응이라서 상처가 더욱 커졌고요.

선생님은 우선 민아가 뚜렷한 자기 주관을 가지고 있다는 점이 아주 멋지다고 이야기해 주고 싶어요. 민아는 자기가 어떤 사람인지 잘 알고 있어요. 공부 스트레스가 많아서 신경질을 부리는 것도, 어떤 일에 신경을 쓰면 다른 일에는 집중하지 못하는 것도 알고 있어요. 이렇게 자기 자신을 잘 알고 있는 것과 그렇지 못한 것 사이에는 엄청난 차이가 있어요.

만일 본인이 신경질적인 성격이라는 걸 모르는 사람이 있다면 어떨까요? 그 사람은 언제나 주변 사람에게 불편을 줄 거예요. 자신의 태도를 지적하는 사람에게는 '내가 왜? 나는 아무 문제 없어. 다른 사람들이 제대로 하질 못하니까 어쩔 수 없이 신경질을 내는 거라고!'와 같은 반응을 보이기 쉽죠. 이처럼 자신의 문제를 깨닫지 못하고 다른 사람들만 탓하는 현상을 '투사 projection'라고 해요. 자기의 무의식이 품고 있는 공격적인 성향과 충동을 다른 이의 것이라고 믿는 정신 방어 기전이죠.

다른 사람들 때문에 내가 신경질을 낸다고 생각하면 당장은 마음이 편할지 몰라요. 하지만 그 당장이 지나면 어떻게 될까요? 나는 사람들이 건드리면 신경질을 내는, 자신의 감정에 대한 주도권도 갖지 못한 채 주변 사람들에 의해 영향을 받는 존재가 되고 말아요.

민아가 남자 친구를 사귀면서 신체 접촉에 관해 기준을 세운 것은 참 잘했어요. 이성 교제를 할 때 지나친 신체 접촉으로 문제가 생기는 경우가 많아요. 자칫 잘못하다가는 넘어서는 안 될 선을 넘는 일까지 벌어지기도 하지요.

보고 싶었다고 불쑥 나타나 뽀뽀를 한 남자친구에게 자기 의사를 분명히 밝힌 것도 민아다운 멋진 모습이라고 생각했어요. 결과적으로 민아의 멋진 모습을 감당할 준비가 안 된(적어도 선생님 눈에는 그렇게 보이네요) 남자 친구와는 헤어지게 되었지만 말이에요. 민아는 그 친구랑 완전히 끝낼 생각까지는 없었고, 설사 끝을 내더라도 스스로 그 선택을 하고 싶었을 것 같은데…… 선생님 생각이 맞나요? 민아의 뜻과 다르게 일이 흘러가니 더더욱 받아들이기 힘들었지요? 민아의 마음을 이해하고, 위로해 주고 싶어요.

민아는 선생님 말고 친구들의 위로를 받고 싶었을 텐데 친구들 반응이 시원치 않아 속상했지요? 민아의 고민에 귀 기울여주지 않은 친구, 오히려 민아의 태도를 비난하는 친구…… 민아의 마음이 어땠을지 충분히 짐작이 가요.

그런데 이 상황이 나쁜 것만은 아니에요. 여기에서 민아가 배울 점이 있거든요. 그건 바로 '자격entitlement'이라는 개념이에요. 흔히 우리는 열심히 노력했으니까 당연히 좋은 결과를 누릴 자격이 있다고 생각하죠. 그런데 그렇게 되면 좋겠지만, 아쉽게도 그렇지 않은 경우도 종종 있답니다. 공부를 많이 하지 않았는데 우연히 점수가 잘 나오기도 하고, 항상 열심히 수업을 듣다 딱 한 번 졸았을 뿐인데 혼이 날 때도 있지요. 처음 졸았을 뿐인데 혼난 게 억울하다고 항변한다면 그 항변을 합리적으로 받아들여 주는 선생님이 있을까요?

민아가 친구들에게 기대했던 건 위로와 남자 친구를 함께 힘 담해 주는 것 등이었어요. 민아 입장에서는 충분히 바랄 수 있는 것들이지요. 하지만 다른 사람들이 내가 바라는 대로 움직여 주고 나를 만족시켜 주기를 기대한다면(이게 바로 자격의 개념이지요), 나는 실망할 수밖에 없을 거예요.

힘들 때 다른 사람에게 위로를 받으면 힘이 나죠. 하지만 그 어떤 위로보다 중요한 건 나 스스로를 위로하는 거예요. 민아의 편지 마지막에 자기 자신이 이기적이거나 욕심이 많아서 이렇게 된 건 아닐까 하는 생각이 든다고 했죠? 그 말을 다른 누군가가 민아에게 했다면 어떨 것 같아요? 당연히 기분이 상하겠지요. 하지만 스스로는 이런 이야기를 자기 자신에게 아무렇지 않게 할 수 있어요. 이런 이야기를 하면서 자신의 행동을 돌아보고 반성하는 계기로 삼을 수도 있지요. 그러나 정도가 지나치면 안 돼요. 왜냐하면 내가 나에게 한 말이라도 비난과 상처가 되기 마련이니까요.

위로도 마찬가지예요. 다른 사람들에게 듣는 위로도 좋지만, 나 자신에게 듣는 위로는 더욱 마음을 따뜻하게 안아 주는 효과가 있어요. 내가 나를 품고 받아들이는 것이지요. 이번 일로 민아가 지나치게 상처받지 않으면 좋겠어요. 어서 민아가 일어서서 따뜻하고 건강한 인간관계를 만들어갈 용기를 얻을 수 있기를 응원할게요.

✚ 마음 처방전

힘들 때 다른 사람에게 위로를 받으면 힘이 나지만 보다 중요한 건 나 스스로를 위로하는 것이에요. 다른 사람들에게 듣는 위로보다 나 자신에게 듣는 위로가 더욱 마음을 따뜻하게 안아 주는 효과가 있다는 걸 꼭 기억하세요.

제가 냉정하고 이기적이래요

친구들에게 공감 능력이 떨어진다는
지적을 받은 수진이

▶▶ 수진이의 편지

단점은 찾기 쉽지만 장점은 어려워요

여름 방학을 하루 앞둔 날이었어요. 선생님께서 롤링페이퍼를
하자고 하셨죠. 아이들은 촌스럽게 무슨 롤링페이퍼냐고 했지만,
선생님께서 밀어붙이셨어요. 친구들이 써주는 장단점을 읽고 방
학 동안 자기 개발도 하고 반성하는 시간을 가져 보라고 말이에
요. 그렇게 해서 할 수 없이 롤링페이퍼를 쓰기 시작했지요.

솔직히 아이들의 단점을 쓰긴 쉬웠지만 장점을 찾기는 어려웠
어요. 요즘 착한 애들이 별로 없잖아요. 공부하느라 다들 스트레

스를 받아서 누구한테 잘해줄 마음도 없고 말이에요. 그래서 어쩔 수 없이 상대적으로 단점을 많이 썼어요. 장점은 서비스 차원에서 한두 개 적어 주었죠. 선생님은 다 쓴 롤링페이퍼를 걷어 가신 뒤 방학식이 끝나면 나누어 준다고 하셨어요.

다음 날 방학식을 마치고 집에 돌아와서 롤링페이퍼를 읽어 보았어요. 저는 크게 충격을 받았어요. '냉정하고 이기적이다, 차갑고 자기밖에 모른다, 다른 사람에게 별로 관심이 없는 것 같다, 잘난 척한다, 공감 능력이 부족하다.' 같은 말들이 잔뜩 써있었기 때문이에요. 선생님이 보는 거라 그런지 욕은 없었지만, 다 부정적인 말들뿐이었어요. 장점이 아예 없는 건 아니었지만, 몇 개 없어서 제대로 보이지도 않았죠.

정말 말할 수 없이 속이 상했어요. 저는 남한테 제 일을 미루지 않고, 제시간 안에 일을 잘 해내고, 다른 사람에게 피해 줄 행동을 하지 않는다고 생각했는데 반 친구들은 그렇게 생각하지 않았나 봐요. 갑자기 친구들이 무섭게 느껴졌어요. 다들 그런 눈으로 나를 보고 있었다고 생각하니 끔찍했죠. 겉으로는 웃고 농담도 하면서 속으로는 싫어하고 미워하고 있었나 싶기도 했고요.

선생님, 저는 말이에요. 싫은 일이 있을 때 앞에서 대놓고 싫다고 하지 돌아서서 흉보지는 않아요. 까칠한 면이 있는 건 저도 인정해요. 그렇다 해도 공감 능력이 없는 건 아니거든요. 공감하되 시시비비를 가리고, 냉정하게 상황을 파악하는 것뿐이라고요. 친구들이 힘들어하면 재빨리 눈치채고 도와주는 편이라고 생각했는데 공감 능력이 떨어진다는 평가까지 받으니 이해가 안 돼요.

담임선생님께서 롤링페이퍼를 보고 난 소감과 앞으로의 다짐을 A4 용지 한 장으로 작성해서 개학식 날 내라고 하셨는데 뭐라고 써야 할까요? 속상해서 아무 생각도 안 나요.

 ## 친구들의 평가에 귀 기울여 보세요

반 친구들이 롤링페이퍼에 쓴 내용이 사실인지 아닌지를 떠나서 그런 평가를 받았다는 것 자체가 속상하고 마음이 아팠을 거예요. 그렇지만 속상해 죽겠다고요? 아니요! 죽겠다는 말은 그렇게 쉽게 써서는 안 되는 말이에요. 우리는 보통 추워 죽겠다, 배고파 죽겠다, 졸려 죽겠다는 말을 하기는 해요. 그런데 이걸 알아야 해요. 실제로 죽을 마음이 없는 사람이라 하더라도 죽겠다는 말을 자꾸 하면 내 뇌는 이것이 실제로 죽겠다는 건지, 아니면 그냥 하는 말로 죽겠다고 하는 건지 헷갈리게 되거든요.

그러니 앞으로는 '죽겠다' 이야기할 때 한 번만 더 생각해 보고 말을 하면 좋겠어요. 어쨌든 롤링페이퍼를 쓰는 목적은 서로의 장단점을 알려 주어 자기 계발과 반성을 이끌어내는 건데 상처만 받고 말았네요.

수진이는 비슷한 지적을 여러 표현으로 받은 것 같아요. 냉정하고 이기적이라는 건 차갑고 자기밖에 모른다는 지적과 같아요. 다른 사람에게 관심이 없다, 잘난 척한다, 공감 능력이 부족하다는 말도 의미가 비슷하지요. 비슷한 지적을 다른 말로 여러 번 받으니 더욱 얼굴이 화끈거리고 머리가 아플 테죠. 수진이는 서비스 차원에서라도 장점을 좀 써주었는데 막상 수진이가 받은 롤링페이퍼에는 장점이 별로 없어 더 속상했을 거고요.

수진이가 마음에 상처를 받은 건 이해하지만, 친구들의 평가에 귀 기울이는 용기를 내보면 좋겠어요. 많은 사람들의 평가가 마음에 안 들더라도 행동을 개선할 필요가 있거든요.

먼저 수진이가 받은 지적 가운데 공감 능력이 없다는 것에 대해 좀 더 깊이 생각해 봤으면 좋겠어요. 공감 능력은 사회적, 도덕적 존재로 살아가기 위해 반드시 필요한 능력이기 때문이에요. 만일 수진이가 실제로 공감 능력에 문제가 있다면 이 기회에 반드시 돌아보아야 할 것이고, 그저 괜한 오해를 산 것뿐이라면 자신의 표현 방법을 스스로 확인할 필요가 있어요.

우선 공감이 뭔지 알아볼까요? 공감의 사전적 의미는 '남의 감정, 의견, 주장 따위에 대하여 자기도 그렇다고 느끼는 것'이에요. 정신 분석가 이무석 교수는 공감에 대해 '그 사람이 되지 않고도 마치 그 사람의 처지가 된 듯 그가 느끼는 것을 같이 느낄 수 있는 현상'이라고 정의했어요. 즉 공감은 다른 사람의 감정을 느끼고 나눌 수 있는 능력이라고 설명할 수 있어요.

공감과 함께 이해해야 할 개념이 이타주의와 개인주의랍니다. 이타주의는 자기를 희생함으로써 타인의 행복을 이끌어 내는 생각 또는 행동이에요. 대개 공감 능력이 풍부한 사람이 이타적인 모습을 보이지요. 개인주의는 다른 사람보다 자기 자신의 가치를 중요하게 여기는 생각 또는 행동이에요. 개인주의를 추구하는 사람들은 자신의 만족을 우선으로 하는 만큼 공감 능력이 부족하고 이기적이라는 평을 듣기가 쉽지요.

그러면 이제 수진이가 어떤 사람인지 한번 생각해 볼까요? 수진이는 정말 공감 능력이 부족하고 이기적인 편인가요? 자기 자신을 최우선으로 생각하는 건 인간의 본능이에요. 그러니 그 점을 비판해서는 안 돼요. 하지만 그 정도가 어떠한지는 중요하지요.

수진이는 맡은 일을 잘 해내고, 다른 사람에게 피해를 주지 않으려 노력한다고 했죠? 냉정하게 시시비비를 가리는 편이고요. 이런 모습 자체는 사실 나쁠 게 없어요.

그러나 시비를 가리는 과정에서 타인의 감정이나 생각을 배려하느냐 하지 않느냐는 중요한 점이에요. 타인에 대한 배려 없이나 자신의 속 시원함, 내가 생각하는 정의를 기준으로만 표현한다면 공감 능력이 부족하고 이기적이란 평가를 받을 수 있어요. 수진이가 평소 어떠했는지 다시 한번 곰곰이 생각해 보세요.

사실 선생님의 눈에는 수진이가 공감 능력이 없는 사람으로 보이지는 않아요. 그렇게 생각하는 이유는 수진이가 서비스 차원에서라도 다른 친구들의 장점을 찾아 적어 주는 노력을 한 걸 알고 있기 때문이에요. 단점으로 가득 찬 롤링페이퍼를 받아들 친구의 마음을 고려한 행동이잖아요. 이런 태도를 보면 수진이는 절대 공감 능력이 없는 사람이 아니에요.

롤링페이퍼 때문에 반 친구들이 무섭게 느껴진다고 했는데 그런 생각이 들 수는 있지만 거기에 빠져들지는 않았으면 해요. 롤링페이퍼가 돌던 교실을 떠올려 보세요. 방학을 앞두고 좀 편히 쉬고 싶은 상황에서 선생님이 과제를 주었으니 다들 짜증이 났을 거예요. 그런 부정적인 감정들이 롤링페이퍼 내용에 영향을 미쳤을 수 있답니다. 그리고 당장 수진이도 친구들의 단점은 쓰기가 쉬웠지만 장점은 찾기 어려웠다고 했잖아요. 다른 아이들도 비슷했을지 몰라요.

마지막으로 담임선생님이 내주신 방학 숙제에 대해 생각해 보기로 해요. 롤링페이퍼를 보고 난 소감과 앞으로의 다짐을 적어 오라고 하셨지요? 소감에 대해서는 수진이가 편지에 쓴 내용을 그대로 적어도 될 것 같아요. 나의 장점은 생각하지 않고, 단점 위주여서 속상했고, 공감 능력이 부족한 것 같지 않은데 그런 이야기를 들으니 억울하기까지 했다고 말이에요.

혹시 이렇게 소감을 적는 게 창피하게 느껴지나요? 담임선생님도 수진이를 롤링페이퍼의 내용처럼 생각하실까 봐요? 그런 걱정은 접어 두어도 괜찮아요. 담임선생님은 분명히 수진이의 속상한 마음을 이해하고, 어떻게 수진이를 도와줄까 이타적인 고민을 하실 거예요.

롤링페이퍼를 보고 난 다짐은 앞으로 수진이가 살아가는 데 중요한 길잡이가 되어줄 거예요. 수진이는 이번 롤링페이퍼를 계기로 타인의 감정에 더 관심을 기울이고, 배려해야겠다는 생각을 하게 됐을 거예요. 그 다짐을 잊지 않고 쭉 실천해 보세요. 공감 능력이나 타인을 배려하는 능력은 훈련을 통해 더 좋아질 수 있다고 하니 꾸준히 노력을 기울여 보세요.

풍부한 공감 능력은 여러모로 좋은 점이 많아요. 공감을 잘하는 사람들은 보다 만족스러운 대인 관계를 형성한다고 해요. 타인을 이해하는 능력이 뛰어나 갈등을 잘 일으키지 않기 때문이에요. 심한 경쟁을 해야 하는 상황에서조차 서로 협력하게 하는 힘을 발휘하기도 하지요.

수진이가 공감 능력을 '연습하면 할수록 더 커지는 능력'으로 보고, 그 능력을 개발하기 위해 힘썼으면 좋겠어요. 악기를 다룰 때 단순히 소리를 내는 게 아니라 아름다운 연주를 할 수 있는 걸 목표로 하는 것처럼 말이에요.

✚ 마음 처방전

공감은 다른 사람의 감정을 느끼고 나눌 수 있는 능력이에요. 풍부한 공감 능력은 보다 만족스러운 대인 관계를 형성하지요. 타인을 이해하는 능력이 뛰어나면 심하게 경쟁해야 하는 상황에서조차 서로 협력하게 하는 힘을 발휘하기도 한답니다. 공감 능력을 '연습하면 할수록 더 커지는 능력'으로 보고, 그 능력을 개발하기 위해 힘썼으면 좋겠어요.

▼

공감과 위로는
주는 것도 받는 것도 어려워요

사람은 누구나 공감 어린 대화를 나누고 싶어 해요. 앞에서 공감에 대해 이야기했지만 다시 한 번 짚어 볼게요. 심리학 박사 마셜 B. 로젠버그는 "공감이란 다른 사람이 경험하고 있는 것을 존중하는 마음으로 이해하는 것"이라고 했어요.

많은 사람이 공감을 다르게 이해하고 있어요. 상대방을 안심시키는 것, 조언하는 것, 나의 견해나 느낌을 설명하는 것을 공감이라고 착각하는 경우가 많지요. 하지만 공감은 그저 '상대방이 하는 말에 모든 관심을 집중해 주는 것'이에요.

이런 오해 때문에 부모님이나 선생님들이 청소년에게 잘 공감하지 못하는 것 같아요. 아이들을 사랑하고 위하는 만큼 아픔이나 슬픔에서 빨리 벗어나게 해주고 싶어 하기 때문이에요. 아이들의 마음에 관심을 집중하기보다 해결 방법을 찾아 주고자 노력하다 보니 공감이 잔소리나 꾸중으로 바뀌는 것이지요.

진정한 공감은 따뜻한 마음으로 힘든 시간을 함께 보내주는 것이라고 생각해요. 존중하고 이해하는 마음이 문제를 해결해 주는 것보다 더 중요하다는 걸 꼭 기억해 주세요.

이런 행동은 조심해 주세요

"좋아질 거야. 힘내!" 누군가를 위로할 때 흔히 하는 말이에요. 하지만 힘을 내기 싫어서 내지 않는 사람은 없어요. 우리의 삶이 꼭 좋아지기만 하는 것도 아니지요. 자녀가 처한 상황을 충분히 고려하지 않고 이런 말을 건네는 건 그다지 위로가 되지 않는답니다.

"걱정 마. 다 잘 될 거야." 무조건 안심시키려 하는 말은 공감이라고 볼 수 없어요. 청소년들은 부모로부터 이런 말을 들을 때 '내 문제를 너무 가볍게 보는 것 같다.'라고 생각하기 쉬워요. 자신에게는 심각한 일인데 부모가 그것을 가벼이 여긴다면 쉽게 마음의 문을 열려고 하지 않겠지요.

"일단 진정하고 마음부터 가라앉혀." 이 말처럼 기운을 빼는 말도 없는 것 같아요. 왜 화가 났는지 왜 흥분했는지 묻는 게 먼저이지 감정을 가라앉히는 게 우선이 아니랍니다. 사람이 화를 내고 흥분하는 건 본능 가운데 하나예요. 이를 참기만 하면 나중에 더 큰 문제가 생길 수 있답니다. 무작정 진정시키려고 하기보다 왜 화가 났는지부터 물어봐 주세요.

"그래, 알았으니까 잠깐 내 말부터 들어봐." 속상한 마음을 토로하는 자녀의 말을 이렇게 끊어본 적이 있지는 않으신가요? 잠깐이라고 해놓고 연설을 늘어놓은 적은 없나요? 자녀의 마음에 공감하고 싶다면 열심히 들어주세요. 자녀가 다 쏟아낼 때까지, 처음에 어떤 말을 했는지 헷갈릴 정도여도, 기다리고 들어주세요. 상대를 사랑하고 공감하는 마음은 침묵과 경청으로도 잘 전달된답니다.

이렇게 해보면 어떨까요?

자녀의 감정에 공감하고 위로하고 싶다면 먼저 느긋한 태도를 보여 주세요. 자녀의 문제에 둔감해지거나 게으름을 피우라는 이야기가 아닙니다. 시간이 지나면 해결될 부분에 대해서는 차분히 여유를 갖고 대처하자는 뜻이지요. 시간만큼 좋은 약은 없다는 말도 있잖아요. 시간이 흐르면 아이들은 자라고, 부모님은 경험이 쌓이거든요. 그때까지 아이들과 함께할 거란 믿음을 주시면 됩니다.

이렇게 기다리는 시간 동안 자녀가 힘들어하는 것이나 자녀가 잘못한 것을 덮어 놓고 비난하지는 말아 주세요. 힘들고 어려워한다는 건 안타까운 일이지 비난할 일은 아니니까요. 많은 청소년들이 자신의 잘못으로 인한 친구 문제로 아파하고 힘들어 해요. 어른의 눈으로 보면 그 잘못이 더욱 잘 보이겠지만, 비난하는 투의 말은 자녀에게 큰 상처를 줄 수 있어요. 자녀가 스스로 잘못을 깨닫고, 좋은 습관이나 성품을 자기 것으로 만들 수 있도록 시간을 가지고 기다려 주세요. '친구한테 그러면 어떡하니?' '그러니까 네가 친구가 없지!' 같은 말은 한 번 박히면 빠지기 어려운 가시가 된답니다.

다시 한 번 강조할게요. 아이들의 말을 잘 들어주세요. 자녀가 속마음을 잘 털어놓지 않는다고 생각된다면 스스로를 돌아보세요. 나는 그동안 '듣는 귀'가 되어 주었는지 말이에요. 아이들의 이야기를 들을 때는 가장 중요한 일을 할 때처럼 집중하고 정성을 기울여야 해요. 바빠도 하던 일을 잠시 멈추고 상처 입은 자녀가 하는 말에 귀 기울여 보세요. 어른들에게는 별것 아닌 것 같은 고민일지라도 아이들에게는 세상 그 어떤 일보다 심각한 일일 수 있답니다.

Part 5

경쟁과 좌절감

수학 시간에 망신당했어요

혜림이 때문에 오해를 사고 야단맞은 주희

▶▶ 주희의 편지

혜림이에게 가방을 선물받고 나니

휘둘리는 기분이 들어요

우리 반에 혜림이라는 아이가 있어요. 혜림이는 요즘 외톨이처럼 지내요. 처음에는 민아와 '절친'이다가 멀어지고 유진이와 어울렸는데 말실수 때문에 유진이와도 멀어졌지요. 그 후 외로워 보이기에 제가 좀 챙겨 주었어요. 별건 아니지만 조금이라도 도움이 되고 싶은 마음이 있었거든요.

얼마 전에 제 생일이었어요. 친구들한테 농담처럼 생일 선물을 준비하라고 했어요. 그런데 혜림이가 정말로 선물을 주는 거예요. 그것도 제가 평소에 갖고 싶었던 가방을 말이에요. 처음에는 비싼 거라서 부담스럽다고 거절했어요. 혜림이는 선물하려고 일부러 엄마와 백화점에 가서 산 거라고, 거절하면 자기는 어떻게 하냐고 난리였어요. 진심으로 주고 싶다고 몇 번을 말하기에 그냥 받기로 했지요. 혜림이는 집이 부자이기도 하고 내가 좋으니까 주는 거겠지 싶어서 '에라 모르겠다.' 하고 받은 거예요.

그날 이후로 혜림이는 제게 딱 붙어 다녔어요. 민아와도 유진이와도 사이가 멀어진 혜림이가 저와 친해지고 싶어 선물했다는 걸 깨달았지요. 큰 선물을 계기로 친해진 사이여서 그런지 왠지 혜림이에게 휘둘리는 기분이 들었어요. 혜림이가 부탁하는 건 다 들어주게 되고, 서운한 말을 해도 참게 됐지요. 원래도 다른 사람의 부탁을 잘 거절하지 못하는데 선물까지 받았으니 제가 어떻게 혜림이 말을 거절할 수 있겠어요?

그렇게 혜림이와 어울려 다니는데 부담스러운 게 한둘이 아니었어요. 그동안 혜림이의 '절친'들은 나름 자기만의 장점이 있었어요. 민아는 공부를 잘했고, 유진이는 활달하고 재미있었지요. 그런데 저는 딱히 특별할 게 없다 보니 더 크게 비교가 됐어요. 같이 다니면 괜히 연예인과 매니저 같은 느낌이 든다고 할까요? 들러리 같은 느낌도 들고요.

그러다 며칠 전에는 혜림이 때문에 크게 망신을 당하고 말았어요. 혜림이가 수학 심화 문제를 들고 온 게 사건의 시작이었지요. 혜림이는 이렇게 어려운 문제로 연습해야 쉬운 문제를 실수 없이 풀 수 있다고 했어요. 어렵게 구한 거라면서 심화 문제 모음을 저에게 나눠 줬지요. 다 푼 다음 자기랑 맞춰 보자면서요.

쉬는 시간에 수학 문제를 풀어 봤는데 집중하느라 수업 시작 종이 쳤는지도 몰랐어요. 마침 수학 시간이었는데 심화 문제를 푸는 걸 선생님께 딱 걸리고 말았지요. 수학 선생님은 벌써 이런 문제를 풀고 있냐면서 핀잔을 주셨어요. 수업 준비는 안 하고 엉뚱한 문제를 푼다고요.

사건은 수업 마지막 즈음에 터졌어요. 수학 선생님이 칠판을 이등분해서 같은 문제를 누가 더 빨리 푸는지 시합을 시키셨어요. 수학 선생님께서 좀 뒤끝 있는 타입이시거든요. 선생님은 첫 번째로 혜림이를 부르더니 다음 사람으로 저를 지목하셨어요. 심화 문제도 풀 정도니 이 정도는 쉽지 않겠느냐고요.

수업 시작부터 혼이 난 데다 갑자기 문제를 풀려니 집중이 되질 않았어요. 풀이 과정도 엉망, 계산도 엉망, 쉽게 문제가 풀리지 않았지요. 그 사이에 혜림이는 차분히 문제를 풀고 자리로 돌아갔고요. 평소 같았음 저도 빨리 풀었을 만한 문제였는데 형편없이 지고 말았어요. 그러자 수학 선생님이 또 상처가 되는 말을 하셨어요. 혜림이 정도면 몰라도 저 같은 실력은 선행 학습을 하면 안 된다고요.

쉬는 시간에 엎드려 울고 있으니 혜림이가 미안하다고 사과했어요. 그렇지만 화가 풀리지는 않았어요. 그날 이후로 저는 수학 시간이 정말 싫어졌어요. 이게 다 혜림이 때문인 것 같은 생각이 들어요. 혜림이를 떼어내 멀어지고 나면 제 속이 풀릴까요?

 ## 받으면 그만큼 보답해야 한다고 생각하게 돼요

주희의 편지를 읽으면서 참 많은 생각을 했어요. 그 생각 중에는 주희는 참 여러 가지 어려운 일을 겪는구나 하는 거였어요. 그와 함께 주희의 어떤 면이 이런 일을 불러일으키는 걸까 생각해 봤지요. 아, 물론 모든 일이 주희 때문에 벌어졌다는 뜻은 아니에요. 오해하지는 마세요. 단지 주희에게도 어떤 원인이 있지 않나 고민해 보는 기회를 가졌으면 하는 거예요.

선생님이 왜 이런 생각을 했는지 궁금하죠? 그건 주희의 성격과 연관이 있어요. 주희는 주변 사람들에게 신경을 많이 쓰는 성격을 가졌어요. 주변 친구들이 어떻게 지내는지 어떤 상태인지 관심 있게 살펴보는 경향이 있지요. 그런 성격인 걸 편지만 봐도 알 수가 있겠더라고요.

이 사람 저 사람에게 신경 쓰는 게 피곤하지만 쉽게 고쳐지지 않지요? 주희가 사람들의 일상에 신경을 쓰는 건 타고난 성향인지도 모르겠어요. 이런 성향이 있는 것을 문제라고 볼 수 있을까요? 선뜻 답을 하기가 어려워요. 예를 들어서 한번 생각해 보기로 해요.

절대 음감을 가진 사람이 있어요. 그 사람은 음악을 들을 때 조금이라도 음정이 맞지 않으면 못 견디게 괴롭다고 해요. 다른 사람은 알아채지도 못하고, 안다 해도 대수롭지 않게 넘어가는데 말이에요. 이때 절대 음감을 가진 사람이 문제라고 볼 수 있을까요? 그건 아니에요. 그건 그 사람이 타고난 특성이고, 그것을 문제라고 규정하고 비난할 자격은 누구에게도 없지요. 주희의 성향도 마찬가지예요. 다만 자신이 그런 성향을 가지고 있다는 걸 인지하고, 그로 인해 스스로가 힘들어지지 않도록 주의하면 돼요. 선생님이 주희에게서 원인을 찾아보자고 했던 것도 주희가 더 이상 힘들지 않길 바라는 마음에서였어요.

자, 이제 주희와 혜림이의 일에 대해 자세히 이야기해 볼까요? 주희는 혜림이에게 가방을 선물받은 것을 계기로 가까운 사이가 됐어요. 『설득의 심리학』이라는 책에도 이와 비슷한 사례가 나와요. 다른 사람에게 무언가를 받으면 그에 상응하는 보답을 해야 한다고 생각하게 된다고 해요. 이를 두고 '상호성의 원칙reciprocity'이라고 하지요. 이 원칙은 우리 삶에 깊숙이 파고들어 있는 인식이기도 해요. 상대방에게 무언가를 베풀 때 대가를 바라지 않는다고 생각하지만, 막상 아무것도 되돌아오는 것이 없으면 괜히 억울한 생각이 드는 게 사실이고요.

주희는 가방을 받는 바람에 들러리 같다는 느낌을 받으면서도 혜림이와 같이 다녀야 한다고 생각한 것 같아요. 둘 사이에 문제가 된 건 결국 그 가방이었던 거죠. 가방을 받은 것 때문에 불편한 마음을 감수하고 억지로 '절친'이 될 수는 없어요. 주희의 마음이 불편하다면 가방을 돌려주는 게 좋아요. 혜림이에게 미안한 마음이 들긴 하겠지만, 주희의 마음은 한결 가벼워질 거예요.

수학 시간에 대해서도 이야기해 볼까요? 수학 선생님이 주희와 혜림이 관계를 알고 그런 것은 아니겠지만 공교롭게 두 사람을 경쟁시켰고, 그 과정에서 주희는 또 한 번 좌절을 겪었지요. 수학 선생님이 심하셨던 것 같아 선생님은 이 이야기를 읽으면서 언짢았어요. 수업 준비를 하지 않고 문제 풀이에만 집중했던 건 주희의 잘못이지만 그렇게까지 말씀하실 건 없었어요. 도대체 무슨 생각으로 그리 말씀하셨는지 이해가 되지 않을 정도였어요.

주희가 얼마나 창피하고 속상했을지 충분히 이해가 돼요. 그렇더라도 주희가 이 일을 혜림이 탓으로만 생각하지 않으면 좋겠어요. 혜림이가 주희에게 창피 줄 목적으로 심화 문제를 나눠주고, 주희에게 골탕을 먹이려고 문제를 빨리 푼 건 아니니까 말이에요. 이건 주희도 알고 있는 부분이지요?

선생님이 주희에게 묻고 싶은 게 있어요. 주희는 혜림이와의 관계를 완전히 정리하고 싶은가요? 혜림이랑 다시는 같이 어울리고 싶지 않다고 생각하나요? 선생님 눈에는 주희가 혜림이를 그렇게 싫어하는 것 같지는 않아요. 이번 일로 마음이 상한 것은 사실이지만 그렇다고 혜림이와의 관계를 완전히 끊어 버리면 주희가 더 마음 아파할 것 같다는 생각이 드네요.

주희 스스로에게 한번 물어보세요. 혜림이와 완전히 멀어지고 싶은지 적당히 거리를 두되 잘 지내고 싶은지 말이에요. 그 답에 따라 주희가 혜림이와의 관계를 잘 조절할 수 있게 될 거라고 생각해요.

✚ 마음 처방전

이 사람 저 사람에게 신경 쓰는 게 피곤하지만 쉽게 고쳐지지 않지요? 이런 성향을 '문제'라고 단정 지을 수는 없어요. 사람들의 일상에 신경을 쓰는 건 타고난 성향인지도 모르니까요. 다만 자신이 그런 성향이라는 걸 인지하고 스스로가 힘들어지지 않도록 주의하면 된답니다.

저보다 훨씬 뛰어난 미술 실력을 가진 친구 때문에 충격 받았어요

서인이의 재능에 놀라고 좌절한 수진이

▶▶ 수진이의 편지

서인이에게 칭찬해 주고 싶은데 자존심 상해요

요즘은 수학을 잘해야 좋은 대학에 간다고 하지만, 너무 스트레스 받지 않기로 했어요. 지금은 좀 부족하지만 마음을 편히 먹고 열심히 노력하면 수학 성적을 올릴 수 있을 테니까요. 또 수학에만 매달리지 말고 다른 재능을 키워 보는 것도 좋겠다는 생각이 들기도 했지요.

그래서 미술 학원에 다니기 시작했어요. 어릴 때부터 미술에 재능이 있다는 소리를 많이 들었고, 그림 그리는 것도 좋아해서

이 분야로 진로를 바꿔 볼까 하는 마음이 들었거든요. 조금 늦은 감이 있지만, 소질이 있는 편이니 문제없을 거라고 생각했어요.

그런데 미술 학원에서 서인이를 다시 만났어요. 서인이는 저한테 미술을 배운다는 이야기를 한 적이 없었어요. 그림 그리는 걸 좋아한다는 말도 한 적이 없었지요. 깜짝 놀라 언제부터 미술 학원에 다녔냐고 했더니 2년쯤 됐대요.

포트폴리오를 보니 솜씨가 보통이 아니었어요. 미술 학원에서 서인이는 엄청 인정받고 있었어요. 유망주라고요. 학교에서는 왜 실력 발휘를 하지 않았냐고 물었더니 튀고 싶지 않아서 그랬대요. 학교에서 그리는 그림은 재미도 없었다고 하고요.

서인이는 타고난 재능이 뛰어난 데다 그동안 꾸준히 미술을 공부해서 그런지 실력이 정말 남달랐어요. 제가 지금부터 아무리 열심히 노력한다고 해도 도저히 따라갈 수 없을 것 같았지요. 제가 아는 사람이 이렇게 큰 재능을 가졌다고 생각하니 괜히 힘이 빠졌어요. 미술 학원에 처음 왔을 때 이제부터라도 열심히 해서 미대에 갈 수 있을 정도로 실력을 키우자고 다짐했는데 그 희망이 깨지는 기분이었어요.

그날 이후로 서인이를 만날 때마다 표정 관리가 잘 안 돼요. 솔직하게 서인이의 실력을 인정하고 칭찬해 주고 싶은데 자존심이 도저히 허락하지 않아요. 그렇다고 부모님께 조르고 졸라 겨우 다니게 된 미술 학원을 포기할 수도 없고……. 아, 머리가 너무 복잡해요.

그런데 선생님, 저랑 서인이랑 이렇게 자꾸 엮이는 거 보면 혹시 우리가 운명의 친구, 뭐 이런 건 아닌가 하는 생각도 들어요. 이왕 이렇게 된 거 단짝이 되어 학교에서도 학원에서도 같이 다니며 잘 지내볼까 싶기도 해요. 그러다가도 학교에서 따돌림당하는 서인이를 보면 이건 아니다 싶고요. 선생님, 제가 어떻게 하면 좋을까요?

누구든 나보다 잘할 수 있음을 인정하고 최선을 다해 보세요

수진이가 미술 공부를 시작했군요. 관심 있어 하는 것에서 그치지 않고 진로까지 염두에 두고 선택한 일이니까 최선을 다해 열심히 노력하면 좋겠어요. 그런데 시작한 지 얼마 되지도 않아서 고민스러운 일이 생기고 말았네요.

서인이와 수학 학원에 이어 미술 학원에서도 만나게 되니 운명의 친구가 아닐까 하는 생각을 했다는 부분에서는 웃음이 절로 나왔어요. 선생님이 보기에도 신기한 인연이긴 하네요.

그나저나 수진이가 서인이의 미술 실력에 많이 놀란 것 같아요. 무척 부러워하는 것 같기도 하고요. 세상에는 드러내지 않아도 숨겨진 재능이 많은 사람들이 있어요. 서인이가 딱 그런 경우네요. 수진이는 서인이가 자신과 비교하기 어려울 정도로 뛰어난 재능을 가진 것에 충격을 받은 거지요? 미술 실력이 이렇게 좋으리라고는 전혀 예상하지 못했는데 말이에요. 수진이가 어떻게 하면 좋을까요? 차근차근 생각을 정리할 수 있게 선생님이 도와줄게요.

수진이는 서인이의 뛰어난 미술 실력 때문에 좌절한 것 같아요. 그 좌절감 때문에 어렵게 시작한 미술 공부에 의욕을 잃은 것 같아 걱정돼요. 그러나 수진이 삶의 주인공은 어디까지나 수진이에요. 수진이의 삶에서 서인이의 미술 실력은 결코 중요한 가치가 아니지요. 서인이와 상관없이 수진이가 자신의 미래를 위해 집중할 수 있으면 좋겠어요.

'나는 아무리 노력해도 서인이를 따라잡을 수는 없을 거야.' 같은 생각을 미리부터 할 필요는 없어요. 누구든 나보다 잘할 수 있음을 인정하되 내가 할 수 있는 최선을 다하는 자세가 중요하지요. 서인이는 오랜 시간 미술에 매달려 지금에 이르렀다고 했어요. 수진이도 늦었다고 생각하지 말고 지금부터라도 꾸준히 노력하면 수진이만의 독특한 창작 능력을 가질 수 있을 거라고 생각해요.

이제 수진이와 서인이의 관계에 대해 이야기해 볼까요? 서인이는 학교에서 따돌림을 받고 있고, 수진이는 서인이와 어울렸다가 같이 따돌림당하게 될까봐 걱정하고 있지요. 수진이가 고민하는 걸 충분히 공감해요. 그래도 선생님은 수진이가 서인이와 잘 지냈으면 좋겠어요.

서인이가 따돌림당하고 있지만 그렇다고 성말 문제만 많은 친구가 아니라는 건 수진이가 이미 겪어 잘 알고 있을 거예요. 다른 친구들과의 관계를 돈독하게 쌓아가면서 서인이와의 관계도 조금씩 다져가면 어떨까요? 서인이가 가진 매력을 다른 친구들이 알 수 있도록 노력하면서요. 서인이도 다른 친구들과 어울릴 수 있도록 도와주면 좋겠어요. 서인이가 수진이를 대하듯이 행동한다면 학교 친구들과도 잘 지낼 수 있을 것 같아요.

서인이처럼 친구 관계를 어려워하고 감정 조절을 어려워하는 친구와 잘 지내기 위해서는 적당한 거리를 유지하는 게 조금이나마 도움이 될 거예요. 친구 관계도 지키고 수진이의 마음도 지키기 위해 '따로 또 같이' 작전이 필요하거든요. 감정이 오르내릴 때에는 잠깐 피하고, 진정이 좀 되면 다시 어울리고 하는 식으로 말이에요.

아, 물론 서인이와 관계를 지속하고 싶지 않다고 판단한다면 학원을 옮기는 것도 방법이에요. 하지만 그걸 통해 수진이가 정말 얻는 게 무엇일지 꼭 생각해 봐야 해요. 혹시 학원을 옮기고 난 뒤 후회하게 될 것 같다는 생각이 든다면 지금의 자리를 지키는 게 좋을 듯싶어요.

수진이는 미술 학원에 등록하고 미술 공부를 시작하는 큰 결심을 했어요. 이렇게 중요한 시점에 수진이가 고도의 집중력을 발휘할 수 있으면 좋겠어요. 괜한 좌절감에 휘둘리지도, 서인이와의 관계 때문에 정신이 흐트러지지도 않았으면 하는 바람입니다.

✚ 마음 처방전

내 삶의 주인공은 나예요. 그래서 남을 신경 쓰기보다 나 자신의 미래를 위해 집중할 수 있었으면 좋겠어요. 내가 아무리 노력해도 나보다 실력이 뛰어난 친구를 따라잡을 수 없을 거라는 생각을 미리부터 할 필요는 없어요. 누구든 나보다 잘할 수 있음을 인정하되 내가 할 수 있는 최선을 다하는 자세가 중요하니까요.

저도 날씬해지고 싶어요

다이어트에 실패하고
친구들의 조롱에 상처받은 유진이

▶▶ 유진이의 편지

뚱뚱하다고 함부로 말해서 속상해요

선생님, 제가 재혁이 이야기를 했던 것 기억하세요? 저 재혁이
와 사귀기로 했어요. 재혁이를 다시 만난 날은 꿈만 같았어요. 재
혁이는 그동안 예쁜 여자애들은 많이 봤지만 저처럼 말이 잘 통
하는 사람은 처음이라고 사귀고 싶다고 고백했어요. 정말 기뻤
지요.

저랑 재혁이는 평범하게 지내고 있어요. 만나서 영화 보고
밥 먹고, 도서관에서 같이 공부도 해요. 그런데 어느 날 재혁이

가 저를 빤히 보더니 그러는 거예요. "너는 얼굴은 진짜 요정 같은데……. 살을 조금만 빼면 훨씬 더 예쁠 것 같아." 재혁이마저 살을 뺐으면 좋겠다고 하는 거예요. 괜히 서운하고 기분이 나빴어요. 그렇지만 재혁이가 혜림이도, 혜림이가 소개한 예쁜 여자애도 마다하고 저를 선택했다는 사실을 알기 때문에 참기로 했어요.

그래서 물어봤죠. "알았어. 나도 살을 빼고 싶긴 했어. 얼마나 뺄까?" 그랬더니 재혁이는 45kg 정도면 좋을 것 같다고 했어요. 지금 제 몸무게가 67kg이거든요. 무려 22kg을 빼야 한다는 거잖아요. 그리고 제가 키가 좀 큰 편인데 솔직히 45kg까지 빼고 나면 아마 뼈밖에 남지 않을 거예요. 재혁이가 이런 걸 알고나 말하는지 모르겠어요.

그래서 물었어요. "너 45kg 되기가 얼마나 어려운지 알아? 만약 내가 다이어트에 실패하면 어떻게 할 건데?" 그러자 재혁이는 다이어트에 실패해도 제가 좋을 것 같다고 대답했어요. 기특하죠? 화가 났던 마음이 사르르 녹는 기분이었어요.

전 그날부터 다이어트에 돌입했어요. 살을 빼라는 말에 서운하기는 했지만, 다이어트에 실패해도 제가 좋을 거라고 하니 의욕이 불끈 솟았어요. 먹는 양을 줄이고, 아줌마들이 즐겨 하는 파워 워킹도 시작했어요. 그래도 성에 안 차서 평소에 처다보지도 않던 줄넘기를 꺼내 매일 1,000개씩 하기 시작했어요. 그러다 결국 발목을 접질러 깁스를 하고 말았지요.

깁스한 제 다리를 본 재혁이는 무리하지 말고 천천히 살을 빼라고 했어요. 넉넉히 1년은 생각해야 건강하게 살을 뺄 수 있다고도 했지요. 여기까지는 아무런 문제가 없었어요.

그런데 재혁이가 제 이야기를 혜림이에게 해버린 거예요. 어렸을 때부터 친구인 데다 가족 모임도 잦아서 만난 김에 별생각 없이 이야기했다는데 속상하고 또 속상했어요. 마음 같아선 재혁이한테 막 쏘아붙이고 따지고 싶은데 잘생긴 얼굴을 보니 꾹 참게 됐지요. 혜림이는 한술 더 떠 그 사실을 학교에 소문내 버렸어요. 남자 친구가 살 빼란 말에 불타는 다이어트를 하다가 다리를 다쳤다고 말이에요. 다른 애들이 제 깁스한 다리를 보면서 수군거리는 것 같아 기분이 나쁘고 창피해요.

더 문제는 요요 현상이예요. 제가 화가 나거나 스트레스를 받으면 먹는 걸로 푸는 스타일이거든요. 이 일 때문에 화난 마음을 다스리려고 마구 먹었더니 순식간에 살이 쪘어요. 다이어트 시작하기 전보다 3kg이나 쪄서 지금은 70kg이 되어 버렸어요. 다친 다리는 아프고 살찐 건 속상하고, 혜림이는 물론 재혁이까지 미워졌어요.

며칠 전에는 수진이가 저한테 그림 두 장을 보여 줬어요. 자기가 요즘 미술 학원에 다니는데 연습 삼아 제 모습을 그려 봤대요. 한 장엔 뚱뚱한 제 모습이, 다른 한 장엔 더 뚱뚱하고 깁스까지

한 제 모습이 그려져 있었어요. 순간 화가 치밀어 올랐지만 아무렇지 않은 척했어요. 그래서 "어느 그림에서나 얼굴은 똑같이 예쁘네."하고 농담을 했지요. 그랬더니 까칠한 수진이가 "넌 성격 하나는 정말 좋아. 그러니까 그 몸매에 잘생긴 남자 친구를 사귀지." 하는 거예요.

어떻게 이런 말을 할 수가 있죠? 제가 성격이 활달한 건 사실이지만 그렇다고 상처를 안 받는 건 아닌데 말이에요. 많은 사람들이 뚱뚱한 사람에게 말을 너무 함부로 하는 것 같아요. 대놓고 뚱뚱하다고 살을 빼라고 하고, 살을 뺀다고 이야기하면 다이어트 한다고 놀리고, 그러다 실패라도 하면 그럴 줄 알았다고 무시하죠. 진짜 분해서라도 살을 빼고야 말겠어요. 다시 생각해도 정말 화나요!

 내 상처를 감싸려다 남에게 상처를 주기도 해요

유진이가 가슴 두근거리는 데이트를 시작했나 했는데 일이 꼬이고 말았군요. 재혁이처럼 멋진 아이가 유진이를 '말 잘 통하는 =마음이 통하는' 여자 친구로 받아들이는 모습은 참 사랑스러운 장면이었는데 말이에요. 그런데 재혁이가 유진이에게 부담스러운 숙제를 내주었군요. 옆에서 아무리 괜찮다고 해도 살을 좀 빼고 싶은 게 여자의 마음인데, 남자 친구가 대놓고 살을 빼면 좋겠다고 말한다면 충격을 받을 수밖에 없지요.

유진이가 다이어트에 돌입하기 전에 재혁이의 반응을 확인해 본 건 아주 귀여웠어요. 유진이답게 솔직했고요. 그리고 재혁이의 반응 역시 재혁이답게 멋졌고요. 두 사람 다 기특해요.

그런데 다이어트라는 게 그렇게 쉬운 일이 아니에요. 덜 먹고 많이 운동하면 살이 빠진다는 것은 초등학생도 아는 사실이지만, 그것을 실천하고 결과를 이루어 내는 건 어려운 일이지요. 다이어트를 위해 최선을 다하면서 먹는 것도 줄이고 파워 워킹에 줄넘기까지! 하지만 너무 급하게 달리려다 출발선에서 그만 넘어지고 말았네요. 발목을 접질려 깁스를 하게 됐으니 말이에요. 다리는 괜찮아요? 많이 다친 건 아니지요?

이럴 때 친구들에게 위로를 받고 공감을 받으면 좋을 텐데 혜림이가 자세한 내막을 소문내는 바람에 놀림을 당했으니 얼마나 속이 상했겠어요. 수진이가 그림까지 그려 가며 약을 올리는 바람에 스트레스를 많이 받았지요? 그리고 스트레스 때문에 몸무게 앞자리가 6에서 7로 바뀔 정도로 폭식했다니 안타까운 상황이 이해가 가네요.

유진이가 이 상황을 어떻게 헤쳐 나가면 좋을까요? 먼저 다이어트에 대한 실질적인 도움부터 줄게요. 다이어트 특집으로 말이에요. 우선 살을 빼는 건 유진이에게 필요한 도전이란 생각이 들어요. 다이어트를 통해 자신감과 건강을 회복할 수 있거든요. 하지만 전제 조건이 있어요. '건강하게' 살을 빼야 한다는 거예요. 하루에 한 끼만 먹는 '1일 1식', 한 종류의 음식만 먹는 '원푸드 다이어트'는 건강을 해쳐요. 그리고 그렇게 해서 빠지는 몸무게는 빠져야 할 지방이 아니라 근육과 수분이지요.

다이어트를 할 때 반드시 지켜야 할 수칙은 규칙적인 식사를 해야 한다는 거예요. 우리 몸은 음식이 들어오면 음식을 소화하기 위해 에너지를 사용해요. 이걸 음식의 발열 효과라고 해요. 하루 세 끼 규칙적인 식사를 하면 세 번의 발열 효과를 얻게 돼요. 한 번에 몰아서 먹는 것보다 훨씬 다이어트에 유리하죠. 우리 몸은 음식이 규칙적으로 들어오지 않으면 한 번 들어온 영양분을 저장해 두려고 하는 경향이 있기 때문에 안 먹다가 먹으면 살이 더 찌기 쉽지요.

요즘 유행하는 다이어트 중에 탄수화물을 안 먹는 것도 있잖아요. 그 역시 위험해요. 탄수화물은 우리 몸에 꼭 필요한 영양 성분이거든요. 다이어트를 할 때는 골고루 규칙적으로 먹되 먹는 양을 줄이는 게 좋아요. 그리고 틈틈이 물을 많이 마셔야 하지요. 물을 자주 많이 마시면 몸속의 노폐물이 빠져나온답니다.

많은 사람들이 수분이 부족해서 목이 마른 것과 에너지가 부족해서 배가 고픈 것을 헷갈려 해요. 배가 고프다고 느끼지만 사실은 목이 마른 상태인 경우가 꽤 많답니다. 그러니 배고프다 싶을 때 물을 한 잔 마셔 보세요. 만일 가짜 배고픔(사실은 목마름)이라면 수그러들 테니까요.

먹는 것을 조절하는 것과 동시에 운동도 해야 해요. 과한 운동은 금물이에요. 이미 뼈저리게 경험했듯이 다칠 수도 있거든요. 다이어트를 하면 우리 몸은 사용하는 에너지를 줄이려고 해요. 그럴 때 운동을 하면 근육을 보존하고 에너지 소비를 유지할 수 있답니다. 운동은 체중 감량보다는 줄인 몸무게를 유지해 주는 데 의의가 있어요. 요요 현상이 오는 걸 막아 주는 것이지요.

한 가지 강조하고 싶은 건 다이어트는 짧고 굵게 하면 실패할 확률이 높아지고, 가늘고 길게 하면 성공할 확률이 높아진다는 거예요. 단기간에 살을 확 빼겠다고 생각하지 말고, 밥의 양을 줄이고, 버스 탈 거리를 걷고, 탄산음료 대신 물을 마시는 방법 등으로 생활 습관을 가늘고 길게 바꾸어 나가 보세요. 다이어트에 성공할 가능성이 점차 커질 거예요.

이제 좀 더 근본적인 질문을 해볼게요. 유진이는 왜 살을 빼고 싶나요? 외모 때문인가요? 사람들 가운데 외모가 그 사람을 판단하는 전부라고 생각하는 사람도 있을 거예요. 하지만 그 생각은 잘못된 생각이지요. 청소년들의 경우 겉으로 드러나 보이는 것에 더욱 민감한 편이긴 하지만, 언젠가는 그 생각이 틀렸다는 걸 분명히 깨닫게 된답니다.

유진이는 어때요? 유진이의 생각으로 초점을 맞춰 볼게요. 유진이도 겉으로 보이는 것, 예를 들면 외모 같은 요소가 사람을 평가하는 데 중요하다고 생각하나요? 먼저 선생님부터 이야기해 본다면 저는 사람을 평가하는 데 가장 중요한 건 겉으로 보이는 게 아니라 내면의 따스함이라고 생각해요. 성격이나 태도, 세상을 바라보는 마음 같은 것 말이에요. 아무리 예쁘고 잘생긴 사람이라도 마음이 거칠면 함께하기 싫은 마음이 들잖아요. 비관적이거나 냉소적인 사람도 곁에 두기 힘들고요.

유진이가 외모 부담으로 다이어트 하느라 힘든 와중에 수진이 때문에 화까지 나서 안타까워요. 뚱뚱하다고 놀리는 말들이 사람을 얼마나 비참하게 하는지 선생님은 알고 있어요. 오죽하면 유진이가 폭식까지 했을까요.

그런데 수진이가 한 말 중에 선생님 귀에 딱 꽂힌 게 있어요. 성격 하나 정말 좋다고 했던 그 말이요. 유진이 말대로 수진이는 까칠한 친구예요. 그런 수진이가 유진이의 좋은 성격을 인정했다는 뜻이에요. 어쩌면 수진이는 쾌활하고 당당한 성격과 멋진 남자 친구를 가진 유진이가 부러웠는지 몰라요. 유진이한테 트집 잡을 게 없으니 눈에 보이는 대로 몸매를 가지고 놀린 거죠. 이렇게 생각하면 정말 안타까운 건 수진이지 유진이가 아닌 것 같지 않나요?

사람들은 자신의 상처를 감싸려다 다른 사람에게 상처를 주곤 해요. 유진이가 이번 일로 받은 상처를 잘 치료하지 못하면 다른 누군가에게 상처를 줄 수도 있다는 걸 기억해 두세요. 선생님은 유진이가 그렇게 되지 않았으면 좋겠어요. 다른 사람의 날카로운 말에 상처 입지 않는 비결은 그 사람이 왜 그런 말을 했는지 속뜻을 생각해 보는 거죠. 수진이가 유진이를 향한 부러움을 놀림으로 표현한 것을 깨닫듯 말이에요.

나를 비웃고 상처 주는 사람들의 속마음을 곰곰이 생각해 보는 연습을 해보면 어떨까요? 내가 어떻게 생각하고 대처하느냐에 따라 다른 사람들의 놀림이나 비웃음이 아무것도 아닌 걸로 받아들여질 수도 있답니다.

✚ 마음 처방전

사람들은 가끔 자신의 상처를 감싸려다 다른 사람에게 상처를 주기도 해요. 그럴 때에는 나를 비웃고 상처 주는 사람들의 속마음을 곰곰이 생각해 보세요. 내가 어떻게 반응하고 대처하느냐에 따라 다른 사람들의 놀림이나 비웃음이 아무것도 아닌 걸로 받아들여질 수도 있답니다.

제 노력을 알아주는
사람이 없어요

UCC 경진대회 수상 후 관심이
수진이에게만 집중되어 속상한 주희

▶▶ 주희의 편지

수진이만 칭찬받으니 억울해요

선생님, 요즘은 정말 입시 제도가 복잡하고 어려워요. 공부만 잘해서 되는 게 아니라 다양한 비교과 활동이 중요하게 됐거든요. 그래서 다들 무슨 대회만 있다고 하면 경쟁적으로 서로 참가하려고 해요. 공부를 잘하건 못하건 상관없이 말이에요.

저는 이번에 수진이와 함께 '학교 폭력 예방 및 해결책에 관한 UCC 경진 대회'에 참가했어요. 수진이와 파트너를 하기로 한 건 아이디어 때문이에요. 우연히 이야기를 나누었는데 수진이 아이디어가 되게 좋더라고요. 그래서 같이 하자고 제안했죠.

우리는 여러 번 회의를 한 끝에 '단점보다 장점 먼저 보기' '좋은 추억 기억하기'를 테마로 UCC를 만들어 보기로 했어요. 수진이 아이디어의 핵심은 '피스메이커peacemaker 제도'를 도입하는 거였어요. 피스메이커는 다툰 두 사람 사이를 화해시키는 사람이에요. 다툰 친구들의 화해를 위해 노력한 피스메이커에게 봉사 점수를 주자고 건의도 했어요.

'단점보다 장점 먼저 보기' 테마에는 친구들 사이에서 지양해야 할 말과 지향해야 할 말을 상황극으로 제작해 담았어요. 원망스럽고 섭섭한 부분을 솔직하게 말하되 상처가 되는 말투나 화법을 사용하지 말자는 내용이었지요. '좋은 추억 기억하기' 테마에는 학교 폭력 가해자와 피해자 사이에 좋았던 기억을 떠올려 보도록 유도했어요. 문제가 이렇게 커지기 전 좋았던 시간은 없었는지 찾아보는 거예요.

이때 피스메이커의 도움을 받아요. 가해자와 피해자가 되기 전 서로에 대한 생각과 마음을 피스메이커의 도움으로 떠올려 보는 것이었지요. 그러다 보면 관계를 개선하게 될 거라는 내용을 담았답니다.

수진이가 아이디어를 제공했다면 저는 발로 뛰는 역할을 맡았어요. 동영상 촬영과 애니메이션 제작을 도맡았지요. 열심히 노력한 결과 아주 좋은 성과를 얻었어요. 은상을 받게 된 거예요.

그런데 상을 받는 자리에서 선생님과 아이들이 다 수진이만 칭찬하는 거예요. 아이디어가 정말 좋았다고 말이에요. 촬영하고 자막 넣고 편집하는 것처럼 손이 많이 가는 일은 다 제 차지였는데 저의 공은 아무도 인정해 주지 않았지요. 수진이 아이디어가 빛을 보게 된 건 제 덕분이었다고 생각하는데 다들 수진이만 칭찬하니 어이가 없었어요.

더 속상한 건 뭔지 아세요? 수진이가 남들의 그런 칭찬을 너무나 자연스럽게 받아들인다는 거예요. 마치 모든 게 자기 덕인 것처럼 말이에요. 팀으로 참가해서 함께 수고하고 같이 상을 받았는데 수진이만 스포트라이트를 받으니 억울했어요. 괜히 수진이와 같이 대회에 나갔나 후회가 되기도 했지요.

수진이에게 솔직하게 제 기분을 말해야 할까요? 아니면 모르는 척 그냥 넘어가야 할까요? 말하자니 치사한 것 같고, 그냥 넘어가자니 속이 부글부글해요.

 자신을 자랑스럽게 생각하면 좋겠어요

부글부글 끓던 마음은 지금 좀 어떤가요? 아직도 분하고 억울한가요, 아니면 조금씩 잦아들고 있나요? 선생님이 생각해도 충분히 섭섭하고 서운한 마음이 들 만한 상황인 것 같아요. 주희의 마음이 부글부글해도 이상할 것 하나 없는 상황이었다는 거죠.

UCC 경진 대회에서 수진이의 아이디어가 빛난 건 사실이에요. 학교 폭력을 어떻게 예방하느냐, 사건이 발생했을 때는 어떻게 해결하느냐에 대한 고민을 해결해 주는 아이디어 같거든요. 피스메이커를 통해 학교 친구들이 함께 화해 분위기를 조성하도록 한다는 게 선생님에게도 아주 신선하게 다가왔어요.

물론 UCC 경진 대회가 아이디어로만 참가할 수 있는 건 아니지요. 아무리 좋은 아이디어라도 UCC로 제작해 내지 못하면 허사가 되고 마니까요. 주희는 UCC 제작이라는 아주 중요한 역할을 담당했네요.

선생님이 주희의 마음을 달래줄 이야기를 하나 들려줄게요.

"몸은 여러 지체로 이루어져 있습니다. 손, 발, 눈, 귀, 입 등 다양한 지체가 몸을 구성하고 있지요. 하지만 지체가 아무리 많아도 몸은 하나입니다. 그러므로 어느 한 지체를 두고 필요 없다고 말할 수는 없습니다. 우리 몸의 어느 지체가 고통을 당하면 모든 지체가 고통을 느끼고, 어느 지체가 기쁨을 느끼면 다른 모든 지체도 함께 기뻐합니다."

이 말은 성경에 나오는 말이에요. 2,000여 년 전에 쓰인 내용인데도 공감이 가는 부분이 많지요? 우리 몸은 손, 발, 얼굴, 머리 외에도 미처 다 알기 어려울 정도로 많은 구성 요소가 있어요. 이 구성 요소들이 서로 협력하여 작동할 때 건강하고 편안한 삶을 영위할 수 있지요.

　러시아의 작곡가이자 피아니스트이며 지휘자인 라흐마니노프는 손이 크기로 유명했어요. 손이 어찌나 큰지 13도(엄지로 '도'를 짚을 때 새끼손가락으로 다음 옥타브 '라'를 짚는 운지법)를 연주할 수 있다고 널리 알려졌지요. 하지만 손이 크다고 해서 모두 피아노를 잘 치는 건 아니에요. 훌륭한 피아니스트가 되기 위해서는 듣는 귀, 기본적인 체력, 예술적인 감각, 노력하는 자세 등 수많은 요소들이 뒷받침되어야 하지요.

　이야기가 길어졌지만 핵심은 하나예요. 수진이의 아이디어가 UCC로 제작되어 빛을 발하기까지 주희의 노력이 아주 중요했다는 것이지요. 주희의 노력에 큰 박수를 보내 주고 싶어요. 설령 다른 사람들이 주희의 수고를 인정해 주지 않더라도 주희의 공이 컸다는 사실은 변하지 않으니까요. 주희 스스로 자랑스럽게 생각해 주면 좋겠어요.

　UCC 대회에서 은상을 탄 건 주희와 수진이가 함께 기울인 노력을 높이 평가받은 거라고 생각해요. 그런데 모든 스포트라이트가 수진이를 향해 있어 속이 상하다고 했지요? 남에게 인정받거나 주목받지 못해도 스스로 자부심을 느낀다면 크게 속상할 이유는 없다고 생각해요. 조금 서운하긴 하겠지만 마음이 무너지도록 속상할 것까지는 아니라고 보거든요.

　하지만 스스로 나의 역할을 축소하고, 상대보다 내가 부족하

다는 생각을 하게 되면 괜한 열등감이 생기면서 마음이 괴로워
지죠. 자신의 기여와 팀의 성과를 인정하고 충분히 누리면서 다
른 이들의 말과 시선에 감정이 좌우되지 않도록 마음을 다스리
면 어떨까요?

주희는 수진이에게 자신의 기분을 이야기하는 게 좋을지 모르
겠다고 했지요? 수진이에게 솔직하게 자신의 마음을 털어놓는
것 자체는 좋아요. 하지만 '아 다르고 어 다르다.'라는 말을 꼭 기
억하고 주의해야 해요.

선생님이 두 가지 예를 들어 볼게요. "UCC는 내가 다 만들었
는데 너만 주목받아서 화가 나. 너도 네가 다 한 것처럼 행동하
고. 그러면 안 되는 거 아니야?" "수진아, 우리가 상 받은 건 정말
좋은데 사람들이 너만 칭찬해서 속상해. 내가 속이 좁은 건가?"
어때요? 속상한 주희의 마음을 전하는 건 같지만 전혀 다른 말처
럼 들리지 않나요?

솔직하게 마음을 전달할 때는 상대의 마음이 다치지 않게 배
려할 필요가 있어요. 주희와 같은 상황에서 자신의 감정을 표현
하는 것은 치사한 게 아니라 용기 있고 솔직한 행동이랍니다. 속
이 부글부글한데 그냥 대충 넘어간다면 좋은 관계를 유지하기가
어려울 수 있거든요.

특히 내 마음도 풀고, 상대의 마음도 다치지 않도록 하는 적절
한 화법을 사용하는 게 중요해요. 선생님은 주희가 현명한 말로

수진이에게 마음을 털어놓고, 두 사람의 관계를 더욱 발전적으로 만들어갈 수 있을 거라고 생각해요. 그럴 수 있도록 선생님이 응원할게요.

✚ 마음 처방전

솔직하게 마음을 전달할 때는 상대의 마음을 다치지 않게 배려할 필요가 있어요. 자신의 감정을 표현하는 것은 용기 있는 솔직한 행동이랍니다. 속이 부글부글한데 그냥 대충 넘어간다면 좋은 관계를 유지하기가 어려울 수 있거든요. 내 마음도 풀고, 상대의 마음도 다치지 않도록 적절한 화법을 사용하는 게 무엇보다 중요하다는 걸 잊지 마세요.

▼

경쟁하다가 지쳐
포기하지 않도록 도와주세요

'1등만 기억하는 세상.' 한창 이런 말이 유행하던 때가 있었어요. 지금도 이 말이 유효하지 않은 것은 아니고요. 우리나라는 유독 1등을 추구하고 중요하게 생각하는 경향이 있어요. 이 때문에 치열한 경쟁 구조 속에서 1등이 아니면 안 된다는 강박에 시달리는 사람이 많지요. 어른 아이 할 것 없이 말이에요.

우리나라가 이렇게 1등에 연연하게 된 건 어려운 시기를 극복하고 부강한 나라가 되기 위한 어쩔 수 없는 선택이었을지도 몰라요. 지정학적으로 강대국 사이에 위치해 있고, 석유 한 방울 나지 않으며 활용할 땅도 좁은 상태에서 살아남기 위해서는 실력을 키울 수밖에 없었으니까요. 그러다 보니 1등이 되기 위해 경쟁하게 된 것이지요.

그런데 사람이 모든 경쟁에서 1등을 할 수는 없어요. 부모님들도 지금까지 살아오면서 수많은 경쟁에 시달려 봤으니 잘 아실 거예요. 모든 면에서 1등을 차지하는 건 사실 불가능하고, 이를 강요받을 때 엄청난 스트레스에 휩싸이게 된다는 것을 말이에요.

치열하게 경쟁했지만 1등이 되지 못했을 때 어떤 느낌이 드셨나요? 나를 뺀 모든 사람이 열심히 달리고 있는 것 같고, 나만 뒤처진 것 같아 두렵지는 않으셨나요? 너무 두려워 울고 싶을 때 '괜찮아, 수고했어.' 라는 작은 위로를 받고 싶지는 않으셨나요? 오늘날을 살아가는 청소년들도 마찬가지입니다. 자녀들은 지나친 경쟁에 지쳐서 힘들어하고 있어요. 그 마음을 누군가에게 위로받고 싶어 하지요. 그 마음을 위로해 주는 사람이 부모님이라면 얼마나 좋을까요?

이런 행동은 조심해 주세요

어느 날 아침 자고 일어났더니 경쟁이 없는 세상이 되어 있다면 어떨까요? 하지만 현실적으로 그럴 가능성은 별로 없어 보입니다. 경쟁을 피할 수 없기에 자녀들은 그에 따른 부담과 스트레스를 피할 수 없지요. 그런 자녀에게 부모의 말 한마디는 아주 중요합니다. 경쟁에 시달려 힘들어하는 자녀에게 지양해야 할 말에 대해 말씀드리고 싶어요.

"내가 뭐랬니?" 이렇게 자녀를 책망하는 듯한 말은 안 돼요. 청소년기 자녀와 부모는 대립하는 경우가 많아요. 경쟁하는 과정에서도 그 방법을 두고 다각도로 대립하게 되지요. 이때 자녀가 선택한 방법이 부모의 눈에 만족스럽지 않을 수 있어요. 결과가 좋으면 문제될 게 없는데 좋은 결과를 얻지 못할 경우 자칫 자녀를 책망하는 듯한 말을 하지 않도록 조심해 주세요. 책망하는 말은 자녀가 소통을 거부하고 움츠러들게 하기 때문이에요. 이런 말을 듣지 않아도 자녀들은 이미 '그때 부모님의 말씀대로 해야 했는데…….' 하고 생각할 가능성이 크답니다. 그러니 괜한 확인 발언을 하실 필요가 없어요. 오히려 반감을 일으킬 수 있거든요.

더 많은 세상을 경험하고 살아온 부모는 더 안정적이고 현명한 선택을 하는 경우가 많아요. 하지만 그 선택이 언제나 옳은 것은 아니지요. 이 점을 기억하시고, 자녀의 선택을 존중하되 실패했을 때 좌절하지 않도록 따뜻하게 보듬어 주세요.

"뭐가 힘들다고 그러니?" 이 말도 절대 금지예요. 눈에 티끌이 들어가 고통스러웠던 적이 있으신가요? 별거 아닌 티끌인데 그 순간에는 아주 큰 고통을 주지요? 마음의 문제도 마찬가지예요. 다른 사람이 보기에 티끌처럼 작은 일로 보이는 것도 본인에게는 큰 고통으로 다가올 수 있답니다. 자녀의 마음속에 담긴 경쟁의 무게를 과소평가하지 말아 주세요.

가장 중요한 말씀을 드릴게요. 자녀를 어떤 형태로든 비교의 말 가운데 놓지 말아 주세요. 많은 청소년들이 '엄친아' '엄친딸' 때문에 상처받는다고 이야기합니다. 자녀에게 자극을 주고 싶은 마음은 이해하지만, 이런 자극은 그다지 긍정적인 효과를 주지 못해요. 잘 알지도 못하는 환상 속의 '엄친아' '엄친딸'의 이야기를 듣는 자녀들은 오히려 '나는 그런 애들을 도저히 따라갈 수 없어.' 하고 포기해 버릴 수도 있답니다.

내 자녀가 경쟁에서 살아남아 최고가 되었으면 하는 마음을 이해하지 못하는 건 아닙니다. 하지만 지금까지 살아오며 경험해 보셨잖아요. 누구나 자기 몫의 삶을 살고, 자기의 길을 걷게 된다는 것을 말이에요. 부모가 애태운다고 해서 모든 일이 뜻하는 대로 이루어지지는 않아요. 그러니 자녀의 일에 대해서는 어느 정도 '내려놓기'를 하시는 게 좋아요. 자녀 스스로 경쟁에 뛰어들어 매달리고 그 결과에 승복할 수 있도록 지켜봐 주시는 거예요. 부모 마음의 평화와 자녀들의 행복을 위해서 말이에요. 경쟁이 싫거나 두려운 아이에게 지나친 염려와 다그침, 비교는 좌절과 포기를 가져온다는 사실을 꼭 기억해 주세요.

이렇게 해보면 어떨까요?

어쩔 수 없이 경쟁해야 한다면 견디는 방법을 배우는 게 좋습니다. 언제나 이기는 방법을 배우면 더 좋겠지만, 그럴 수는 없잖아요. 그러니까 지더라도 겪어내는 방법, 기분 좋게 지는 방법을 배워야 하는 거예요. 유도를 배울 때 낙법(落法, 넘어지거나 떨어질 때 충격을 줄이는 방법)부터 배운다고 하잖아요. 낙법은 지기 위해서 배우는 게 아니라 넘어지는 자신을 지켜 계속 수련하기 위해 배웁니다. 자녀가 경쟁에서 패배하고 상처받지 않도록 마음의 낙법을 먼저 가르쳐 주세요.

그리고 자녀가 경쟁에서 지고 돌아왔을 때 힘껏 안아 주세요. 백마디 말보다 따뜻한 포옹 한 번이 더 큰 위로를 주는 때가 있지요. 경쟁에서 패해 좌절하고, 부모님이 실망하실 텐데 어떡하나 걱정하는 자녀를 안아 주며 용기를 북돋아 주세요. 실패했을 때 따뜻하게 안아줄 누군가가 있다는 것은 생각보다 큰 위로가 되고 다시 일어설 힘을 준답니다.

모둠 활동에서 만난 여섯 아이들

'원수는 외나무다리에서 만난다.'라는 속담이 있죠. 꺼리고 싫어하는 대상을 피할 수 없는 곳에서 공교롭게 만나게 되는 것을 비유적으로 이르는 말이랍니다. 민아, 혜림, 유진, 수진, 주희, 서인이는 서로 원수도 아닌데 수행 평가 모둠 활동에서 구성원으로 만나게 되었어요. 고전 명작 중 하나를 읽고 독서 토론을 해서 보고서를 제출하는 수행 평가였지요.

서로 복잡한 사연을 가진 여섯 사람이 모이다 보니 작품을 선정하기부터 쉽지가 않았어요. 민아, 혜림, 유진이는 『제인 에어』를 하고 싶어 했고, 주희는 『돈키호테』를, 수진이와 서인이는 『햄릿』을 선택하고 싶어 했어요. 서로 자신이 감명 깊게 읽은 작품을 하자고 티격태격하다가 결국은 모두가 요약본이라도 읽어 본적이 있는 『햄릿』으로 결정했어요.

그다음 문제는 사회자를 정하는 일이었지요. 서기는 민아가 하겠다고 해서 금세 해결되었는데 사회자는 지원자가 없어 정하기가 어려웠어요. 혜림이는 목감기에 걸려 말을 많이 못 하겠다고 했고, 수진이와 시인이는 성격상 부드러운 진행이 어려울 것 같았어요. 주희는 사회를 맡을 생각만 해도 머리가 아프다고 했지요. 결국 모두가 부담스러워하는 사회자는 성격 좋은 유진이가 맡기로 했어요. 일주일 동안 책을 읽은 뒤 다음 토요일 오후 3시에 모여 독서 토론을 하기로 했지요.

드디어 독서 토론 날이 되었어요. 독서 토론 역시 수월하게 진행되지 않았어요. 덴마크가 배경인 이유, 햄릿의 태도에 대한 생각, 오필리아가 자살한 까닭 등에 대해 다양한 이야기가 나왔지만, 깊이 있는 토론은 이루어지지 않았어요. 우선 책을 다 읽지 않고 온 사람이 둘이나 됐어요. 나머지도 듣기만 하다가 사회자인 유진이가 의견을 물으면 앞 사람이 한 말을 반복했어요.

저녁 먹을 시간이 되었는데도 이야기는 겉돌고 있었어요. 어떻게든 토론을 이끌어 보려던 유진이는 이런 식으로 이야기하는 게 토론이냐고 답답해했고, 민아 역시 기록할 말이 별로 없다고 심란해했어요.

그때 혜림이가 주제를 정해 토론하는 게 어떠냐고 제안했어요. 『햄릿』에 대한 모든 것을 이야기하는 것보다 한 가지 주제를 정해 집중해 토론하는 게 낫지 않겠느냐고 말이에요. 민아가 주제에 대한 아이디어를 냈어요. 『햄릿』은 '성격비극'이라는 평가를 받고 있으니 그쪽으로 주제를 맞춰 보자고요. 다들 눈이 반짝이는 것 같았고, 계속 딴짓을 하던 서인이도 집중했지요. 아이들은 햄릿의 성격에 대해 집중적으로 토론해 나가기 시작했어요. 햄릿의 성격이 우유부단한지, 신중한지, 치밀한지, 비겁한지에 대해 의견이 뚜렷하게 갈렸어요. 제시하는 근거도 나름대로 타당했지요. 그렇게 토론은 8시가 넘어서야 끝이 났어요.

토론을 마친 뒤 다 같이 저녁을 먹었어요. 그때 다시 성격에 대한 이야기가 나왔지요. 햄릿의 성격에 대해 토론하다 보니 자신들의 성격에 대해서도 좀 더 생각하게 되었던 거예요. 토론 내내 거의 말이 없던 서인이가 불쑥 입을 열었어요.

"내가 생각해도 내 성격은 진짜 이상한 것 같아."

모두들 당황해서 어떻게 반응해야 할지 몰랐어요. 어색하게 서로 눈치만 살피고 있는데 수진이가 말했어요.

"난 이상할 정도는 아니라고 생각하는데. 왜 그렇게 생각해?"

다들 또 한 번 놀랐어요. 평소의 수진이라면 '그래, 네 성격은 정말 이상해.'라고 되받아치거나 못 들은 척했을 거라고 생각했기 때문이에요.

"잘 어울리지도 못하고, 말도 잘 안 하고, 또 왕따잖아."

그러자 민아가 말했어요.

"왕따는 성격을 설명하는 말은 아니지. 성격의 결과는 되겠지만."

민아의 지적에 서인이가 피식 웃으며 말했어요.

"그럼 내가 왕따인 건 인정하는 건가?"

"그런 건 아니고……."

자기를 비하하는 것 같은 서인이의 말에 민아가 우물쭈물했어요. 그때 혜림이가 심각하게 말했어요.

"성격도 고칠 수 있을까?"

"노력하면 고칠 수 있겠지. 그런데 무지 힘들다더라. 왼손잡이가 오른손으로 글씨를 쓰는 것처럼 말이야."

"나는 내 성격이 마음에 안 들어. 다른 사람들도 내 성격을 싫어하는 것 같고. 그런데 뭐가 문제인지 잘 모르겠어."

그러자 유진이가 위로인지 지적인지 알 수 없는 말을 했어요.

"너는 성격은 별로 문제없어. 욕심이 좀 있긴 하지만 봐줄 만한 정도이고, 실수하긴 해도 잘못은 금방 인정하잖아. 그런데 넌 너무 많은 걸 가진 게 문제야. 그래서 네 상황이 부담스러워. 너같은 집안에 그런 외모를 누가 편하게 생각하겠어. 남자애들은 몰라도 여자애들은 다 싫어할걸?"

그러자 주희가 한마디 했어요.

"유진아, 너 다이어트 다시 시작했니? 말하는 게 좀 까칠하다. 수진이도 아니고 왜 그래?"

주희의 말에 수진이의 표정이 굳었어요. 수진이는 잠시 멈칫

하더니 풀죽은 듯이 말했어요.

"내가 까칠하긴 하지. 나도 그것 때문에 고민 많이 해. 고치려고 해도 잘 안 되어서 힘들고."

삽시간에 분위기가 고요해졌어요. 마치 폭풍전야 같았지요. 당황한 주희의 얼굴은 점점 빨개져 갔고요. 한동안 침묵이 흘렀어요. 그러다 민아가 한숨을 내쉬며 말했어요.

"세상에 완벽하게 좋은 성격이 있을까? 그런 사람이 정말 있기는 할까? 나는 세상에 완전히 나쁜 성격도 절대적으로 좋은 성격도 없는 것 같아."

"그게 무슨 말인데?"

"어떤 때는 장점이 단점이 되고, 또 어떤 때는 단점이 장점이 되는 것 같아. 사려 깊어서 좋은 사람이 우유부단해 보여 답답할 수 있고, 결단력 있는 사람이 독단적이라 느껴져 피곤할 수도 있잖아. 사람의 성격에는 늘 장단점이 있는 것 같아."

민아의 말에 나머지 아이들이 고개를 끄덕였어요.

여섯 아이들의 못다 한 이야기

민아는 혜림이와 경쟁하고 남자 친구와 헤어지는 경험을 통해 혼자 지내는 게 얼마나 힘든지 깨달았어요. 인간관계를 정리하고 그저 열심히 공부해 1등이라는 고지를 점령하고 나니 정작 주변에 아무도 남아 있지 않아 외로움을 느끼게 되었지요. 그래서 민아는 그동안 등한시했던 인간관계를 회복하기로 마음먹었어요. 가장 먼저 언제나 사신을 좋아해 주고 한결같은 마음으로 옆에 있어준 혜림이에게 다가가기로 했어요. 그동안 혜림이에게 왜 그런 행동을 했는지 솔직하게 이야기하고 용서를 구하기로 말이에요.

혜림이는 더 겸손해지기로 마음먹었어요. 독서 토론 날 성격이 아닌 상황이 부담스럽다는 말을 들은 것이 계기였어요. 타고난 외모나 집안 같은 환경을 바꿀 수 없으니 친구들이 부담스러워하지 않도록 태도를 바꾸어 보기로 한 거예요. 친구들에게 먼저 다가가고, 적당히 망가지기도 하면서 말이에요. 민아에 대한 짝사랑은 접기로 했어요. 자기가 매달릴수록 민아가 냉담해지니 다른 친구들과 두루 잘 지내며 자연스럽게 어울리는 게 좋을 것 같다고 결론을 내렸지요. 아, 물론 민아가 다가온다면 언제든 환영할 생각은 하고 있어요.

주희는 감정을 솔직하게 표현하는 훈련을 하고 있어요. 힘들면 거절도 하고 속상하면 기분 나쁜 티도 내면서 말이에요. 물론 참는 게 습관이 되었던지라 고치는 게 쉽지는 않아요. 싫은 내색을 하고 나면 미안한 마음이 들어 어쩔 줄 몰라 하기도 해요. 그래도 다행히 두통은 차차 사라져 가리라 기대해요.

유진이는 자신의 성격에 대해 깊이 생각해 보았어요. 그 과정에서 활달함 속에 숨은 우울함을 발견했지요. 속상한 말이나 행동을 웃어넘겼더니 그런 것들이 마음속에 남아 우울함으로 변했던 것 같았어요. 우울함을 달래려다 보면 먹는 걸 자제하지 못했고요. 그래서 결심했어요. 누가 뭐라든 심지어 남자 친구와 헤어지게 되더라도 나를 최우선으로 생각하고 사랑하겠다고 말이에요. 다른 사람의 말에 흔들리지 않고, 속상한 일이 생기면 그냥 웃기보다 솔직하게 표현하고, 우울할 때는 먹는 것보다 산책이나 낮잠을 자겠다고 굳게 다짐했죠.

수진이는 용기를 내어 서인이와 친구가 되기로 했어요. 아직 '절친'이라고 말하기는 이르지만 많이 친해졌어요. 학원에서 저녁을 먹을 때도 더 이상 다른 사람의 눈치를 보지 않아요. 학교에서도 같이 있는 시간이 많아졌고요. 다른 아이들이 의아한 눈으로 쳐다보곤 하지만 신경 안 써요. 미술 공부와 관련된 이야기도 깊이 나누고 사소한 장난도 치면서 우정을 쌓고 있답니다.

서인이는 학교 상담 선생님께 가정 폭력에 대해 상담했어요. 서인이의 부모님은 상담 선생님과 몇 차례 면담하셨죠. 그 뒤로 부모님은 조금씩 달라지고 있어요. 부부 싸움도 좀 줄었고, 서인이에 대한 태도도 꽤 부드러워지셨죠. 서인이의 마음속 상처는 아직 다 아물지 않았지만, 적어도 부모님에 대한 원망은 조금 줄었답니다.

서인이는 성격을 바꾸어 보기로 결심했어요. 수진이와 친해졌지만, 언제까지나 수진이에게만 의존할 수는 없다고 생각했거든요. 여전히 누군가에게 다가가는 게 어렵지만, 조금씩 용기를 내어 보려고 노력하는 중이랍니다.

선생님이 보내는 마지막 편지

6명의 친구들이 어느새 훌쩍 자란 것 같아요. 키가 아니라 마음이요. 모두에게 박수를 쳐주고 싶어요. 복잡하고 어려운 일이 많았지만 그 과정에서 다들 깨달은 바가 큰 것 같아요.

세상에 처음 태어난 아기는 아주 좁은 인간관계에서 생활해요. 부모님과 가까운 친척만이 세상 전부이지요. 하지만 이내 아기의 세상은 넓어져요. 어린이집, 유치원, 초등학교 등 점점 넓은 세상을 거치다 훌쩍 여러분과 같은 청소년기에 접어들지요.

청소년기는 미성숙한 시기예요. 완전히 어린아이도 아니고 어른도 아닌 중간 단계이지요. 공부할 것도 많고, 경쟁에 시달려야 하고, 친구 관계는 머리가 아프고, 급격한 신체 변화와 감정의 변화도 느끼게 된답니다. 청소년기는 독립적이고 성숙한 인간이 되기 위해 반드시 거쳐야 하는 감정적 폭풍의 시기예요.

여러분 가운데에는 하루빨리 어른이 되고 싶어 하는 사람이 많을 거예요. 그러나 이 시기를 겪지 않아도 되는 사람은 아무도 없어요. 이 시기를 얼렁뚱땅 대충 넘기는 게 좋은 것도 아니지요. 왜냐고요? '말썽 총량의 법칙'이라는 말을 알고 있나요? 이 말은 사람이 평생 저지르는 말썽의 양은 정해져 있다는 뜻이래요. 말썽을 부리지 않고 사는 사람은 없고, 그 양은 일정하게 정해져 있다는 이야기이지요. 우스갯소리 같지만 선생님은 이 말에 동의해요. 언제나 모범적으로 바른길만 걷는 사람이 세상에 어디 있겠어요.

생각해 보면 청소년기만큼 마음껏 말썽을 피울 수 있는 시기도 없어요. 여태껏 겪지 못했던 온갖 다양한 상황들에 온몸으로 부딪히면서 생각나는 말썽은 다 부려 보세요. 아, 잠깐! 그렇다고 해서 무조건 화를 내거나 마음대로 행동하라는 게 아니에요. 다만 청소년기에 만나는 갈등과 불안을 성장의 과정이라고 생각하고 과감하게 부딪혀 보라는 뜻이에요. 그 과정에서 피우는 말썽은 그래도 괜찮으니까 말이에요.

선생님은 편지를 마무리하면서 말썽은 부리되 몸과 마음은 다치지 않는 최소한의 틀을 제시해 주려고 해요. 바로 인간관계와 성격에 대한 이해라는 틀이죠. 건물로 이야기하자면 기초 공사에 해당하는 부분이에요.

청소년기의 문제는 대부분 친구 관계에서 비롯돼요. 이 시기에 겪게 되는 다양한 변화들 가운데 친구 관계만큼 중요한 경험도 없답니다. 생각해 보면 친구는 내 삶의 모든 영역 가운데 함께 있어요. 친구 덕분에 행복하지만, 친구 때문에 아픈 것도 사실이에요. 좋은 친구 관계를 맺으려면 서로에 대한 성격을 이해할 줄 알아야 합니다.

성격의 사전적 정의는 다음과 같아요. '개인이 가지는 고유한 성질이나 품성' '개인의 개성을 특징짓는 독특한 심리적 체계나 행동 양식'을 성격이라고 하지요. 인간이 결코 완벽할 수 없듯이 절대적으로 좋은 성격 또한 존재하기 어려워요.

여러분은 어떤 성격인가요? 성격의 장단점은 무엇인가요? 자신이 어떤 성격의 친구와 잘 맞고, 어떤 성격의 친구와 잘 맞지 않는지 생각해본 적은 있나요? 이 질문에 대한 답을 곰곰이 찾아보았으면 좋겠어요. 나의 성격을 정확히 알아야 자신의 생각과 행동을 이해하고 조절할 수 있거든요.

예민한 성격을 가진 사람은 누군가 무심결에 던진 말에도 상처를 받기 쉬워요. 하지만 자기 자신의 성격을 잘 파악하고 있다면 '내가 좀 예민하게 받아들인 건지도 몰라. 속상해하지 말자.' 하고 스스로를 다독일 수 있어요. 조금 욱하는 성격을 가진 사람이 자신의 성격을 잘 알고 있다면 별것 아닌 상황에 발끈해서 화를 내지 않도록 스스로를 다잡을 거예요.

친구의 성격을 파악하는 것도 중요해요. 친구의 성격을 잘 이해하지 못하면 의도치 않게 상처를 주거나 오해를 살 수 있지요.

대부분의 사람이 대하기 어려워하는 성격을 가진 사람도 있어요. 그런 친구로 인해 힘들 땐 그 친구가 왜 그런 성격을 가지게 됐을지 한번 생각해봐 주세요. 어떤 피치 못할 상황이나 원하지 않는 환경으로 인해 모난 성격을 가지게 됐을 수도 있다는 걸 생각해 줬으면 하는 거예요. 사정을 알고 나면 그 친구의 성격이 싫고 불편한 게 아니라 안타깝고 도와주고 싶은 면으로 보일 수도 있답니다. 나와 타인의 성격을 이해하려고 노력하다 보면 그 노력만큼 좋은 관계를 형성할 수 있을 거예요.

노력을 기울였음에도 관계 맺기가 힘든 친구가 있을 수도 있어요. 다른 애들과는 잘 지내는 것 같은데 유독 나와는 맞지 않는 친구 말이에요. 노력했음에도 아무런 성과가 없다면 그 친구와는 거리를 두는 것도 좋아요. 따돌리거나 무시하라는 것이 아니에요. 억지로 그 친구와 친해지려 애쓸 필요는 없다는 것이지요. 싸우면서 친해지고 가까워졌다 멀어지기를 반복하다가 결국은 깊은 우정을 쌓는 경우도 있지요. 그러나 성격이 너무 맞지 않아 만날수록 속상하고 불쾌한 관계도 있어요. 그런 마음이 들 때 지나치게 노력하다 보면 심한 스트레스를 받을 수 있답니다.

사람은 혼자 지낼 수 없고 어울려 지내야만 하는 '사회적 존재'라는 것은 잘 알고 있지요? 좋은 친구를 사귀기 위해서는 내가 먼저 좋은 친구가 되어야 한답니다. '친구를 보면 그 사람을 알 수 있다.'라는 말이 있어요. 여러분이 먼저 좋은 사람이 된다면 분명히 여러분 주위에도 좋은 친구들이 생길 거예요. 친구에게 먼저 마음을 열고 배려하며 넓은 마음으로 다가가 보세요.

많은 청소년들이 친구 관계로 인한 다양한 고민으로 걱정해요. 이 고민을 해결해 주는 가장 좋은 방법은 서로에 대한 배려와 신뢰랍니다. 따뜻하고 솔직한 태도로 친구를 대해 보세요. 상대방의 입장을 이해하고, 건강하게 소통하며 서로 돕는다면 차차 견고한 우정을 쌓을 수 있을 거랍니다.